Zigarren

Zigarren

Das Handbuch für Genießer

Marvin R. Shanken

Deutsche Bearbeitung:
Frank Hidien von Deutschlands führendem
Magazin *Pipe & Cigar*

evergreen

EVERGREEN is an imprint of Benedikt Taschen Verlag GmbH

© für diese Ausgabe: 2000 Benedikt Taschen Verlag GmbH
Hohenzollernring 53, D-50672 Köln

First published in the United States in 1997
by Running Press Book Publishers, Philadelphia and London

Copyright 1997 by Cigar Aficionado/M. Shanken Communications, Inc.

Übersetzung aus dem Englischen (für Agents-Producers-Editors): Hans-Georg Deggan

Redaktion und Satz der deutschen Ausgabe: Agents-Producers-Editors, Overath

Umschlaggestaltung: Angelika Taschen, Köln

Printed in China
ISBN 3-8228-6381-5

*Meiner Frau Hazel, meinem Vater Oscar und
in liebevollem Andenken meiner Mutter Evelyn gewidmet*

DANKSAGUNGEN

Ich möchte folgenden Personen und Institutionen danken,
die zum Entstehen dieses Buches beigetragen haben:
M. Shanken Communications Inc., Michael Moaba, Gordon Mott,
George Brightman, Ann Berkhausen, David Savona, Amy Lyons,
Martin Leeds und Shawn Vale. Ebenso danke ich Stuart
»Buz« Teacher, David Borgenicht, Greg Jones und
Ken Mewbaker von Running Press.

INHALT

VORWORT

von Bill Cosby

Wenn ich mir eine gute Zigarre anzünde, sage ich: »Das ist eine gute Zigarre.« Doch um heute den Geschmack einer guten Zigarre angemessen zu beschreiben, sollte man über einen sensiblen Gaumen verfügen, denn es gilt, folgende Geschmackselemente zu unterscheiden: »Die Erdhaftigkeit, in der man die Kräuter spürt, versetzt mit Kaffee- und Zimttönen, Lederanklängen und einem nach Holz schmeckenden Abgang.« Um mich besser verständlich zu machen, könnte ich auch einen Zweig Petersilie, eine Handvoll Erde, ein paar Kaffeebohnen, eine Prise Zimt, einen alten Schuh und ein Stück Holz nehmen, alles in ein Connecticut- Shade-Deckblatt einrollen und es rauchen. Doch es ist sicher sinnvoller, sich an den Inhalt eines Humidors zu halten und einfach zu sagen, daß meine Zigarren nach Tabak schmecken.

In den letzten Jahren sind Zigarren immer beliebter geworden. Irgendjemand kam dann auf die Idee, daß man einen geselligen Ort bräuchte, wo ohne Belästigung durch aufgebrachte Nichtraucher in Ruhe geraucht werden könne. So entstand die Zigarren-Bar. Nun hat aber jede Zigarre ihr eigenes angenehmes Aroma, und wenn mehr als 200 Leute in einem Raum 90 verschiedene Sorten rauchen, ergibt das eine Rauchwolke, die tödlicher ist als der Smog von Los Angeles an einem üblen Tag. Als ich einmal einen dieser holzgetäfelten kleinen Räume betrat, nahm ich den Geruch von Schweißfüßen wahr, dabei war es aber nur eine Robusto, die jemand zwischen den Zähnen hielt. Ich konnte auch so etwas wie den Geruch von verfaulenden Blättern, alter Holzwolle, frischem Hundekot, Gummi mit Anklängen von Ohrenschmalz, einem alten Telefon aus den 30er Jahren und feuchtem Zeitungspapier ausmachen. Der Geruch eines angebrannten Socken ist mir noch nicht begegnet, aber wer weiß.

Mein Rat an alle, die eine volle Zigarren-Bar aufsuchen: Nehmen Sie niemals Ihre besten Zigarren mit. Suchen Sie Ihre dritt- oder viertbesten aus. Besser noch: Sie nehmen ein dünnes Stöckchen, höhlen es aus – und rauchen es. Mit allen anderen Dünsten, die Ihnen in die Nase steigen, werden Sie kaum in der Lage sein, einen Unterschied zwischen dem Stöckchen und einer *Hoyo* festzustellen.

Gott schuf die Tabakblätter, und deshalb sind alle Tabakblätter wundervoll. Nur der Mensch kann ein vollkommenes und wundervolles Blatt in eine schlechte Zigarre verwandeln. Oder noch schlimmer – in eine Zigarette! Ich wage die Behauptung, daß Gott, als er den Tabak schuf, eine handgerollte Doppelcorona vor Augen hatte und keine maschinell hergestellten Ultra Light 100er.

Schon allein die Existenz einer Zigarre regt die Sinne mehr als genug an. Nur ein Zigarettenraucher, der aus dem Nikotindunst keinen Geschmack mehr herausholen kann, wird zum Kaugummi greifen. Ich habe sogar Leute gesehen, die während des Essens Zigaretten rauchten. Ich esse nie etwas, wenn ich rauche, und schon gar keine Nüsse. Wenn ich nämlich plötzlich ein Nußstückchen zwischen den Zähnen habe, kann ich nicht unterscheiden, ob es ein Stück Cashewkern ist oder ein Bröckchen Tabak von meiner Zigarre. Und verschluckter Tabak stört meine Peristaltik.

Ich habe Ihnen nicht zu sagen, was Sie tun oder lassen sollen. Wenn Sie ein Zigarren-Aficionado sind, ein leidenschaftlicher Zigarrenraucher also, und Ihre Corona so beschreiben möchten: »Eine Spur von Minze mit Klaviernoten und einem Abgang von Rinderfilet« – dann sollten Sie genau das tun. Was mich betrifft, ich werde mich hinsetzen und mir etwas Feines aus der Tasche holen, das mich schon eine Weile begleitet. Es schmeckt eine Spur nach geröstetem Hafer und getrockneten Früchten mit einer Zimtnote und einem Kakaoabgang. Stimmt, es ist keine Zigarre. Es ist ein Schokoriegel.

Einleitung

Marvin R. Shanken

Mir ist es sehr wichtig, Ihnen nicht nur die grundlegenden Tatsachen über Zigarren zu vermitteln, sondern auch etwas von der Leidenschaft und Hochachtung, die viele für Zigarren empfinden. Deshalb möchte ich Ihnen erzählen, was mir bei dem Versuch widerfahren ist, meine Wißbegier über Zigarren zu stillen. Ebenso möchte ich erzählen, wie es zur Gründung der Zeitschrift *Cigar Aficionado* kam.

Wie ich zum Zigarrenkenner wurde

Wenn Sie gerade erst dabei sind, den Genuß von handgemachten Premiumzigarren kennenzulernen, können Sie sich wohl kaum vorstellen, wie einsam man sich noch vor einigen Jahren als Aficionado, als leidenschaftlicher Zigarrenraucher, fühlte. Ich stamme aus einer Familie, in der weder getrunken wurde

Cigar Aficionado *feierte seine Entstehung 1992 mit einer Galaparty im Ballsaal des obersten Stockwerks des St.-Regis-Hotels in New York.*

noch jemals Zigarren geraucht wurden, und doch gebe ich heute die Zeitschriften *Wine Spectator* und *Cigar Aficionado* heraus.

Noch zu High-School-Zeiten interessierte ich mich nicht im geringsten für Bier, Wein, Spirituosen, Zigaretten oder gar Zigarren. Im College fing ich dann an, billige Zigarren zu rauchen: *Have-a-tampa Jewels*, von denen 5 Stück nur 25 Cents kosteten, wenn ich mich recht erinnere. Sie wurden mit einem hölzernen Mundstück geliefert. Ich weiß nicht, ob ich sie geraucht habe, weil sie mir schmeckten, oder wegen des Gefühls von Eleganz, das sie mir als Neunzehnjährigem vermittelten.

Nach dem College arbeitete ich bei einer kleinen Investmentfirma in der Wallstreet, und damals verstand ich Zigarrenrauchen als Teil eines gehobenen Lebensstils. Mit Mitte Zwanzig rauchte ich meine erste *Royal Jamaica* und schätzte ihre Milde. Ich probierte auch weniger bekannte Marken. Obwohl ich glaubte, daß es phantastisch sein müsse, einen Humidor zu besitzen, hatte ich kein tiefergehendes Verständnis für Zigarren und wußte nicht einmal, wie ich es mir hätte aneignen können.

In den 70er und 80er Jahren betrachtete man in den Vereinigten Staaten Zigarrenraucher mit einem mißbilligenden Stirnrunzeln. Ich freute mich daher immer auf Urlaub in der Karibik und auf Geschäftsreisen nach Europa, besonders nach London, wo ich mir ungehindert eine Zigarre anzünden und einiges über den »Zigarren-Lifestyle« entdecken konnte. Auf meinen Geschäftsreisen nach London in den späten 70er und frühen 80er Jahren ließ ich mich mit einem Taxi vom Flughafen abholen und auf dem kürzesten Weg zum Davidoff-

Baronesse Philippine de Rothschild erhielt anläßlich des Festes, mit dem das Erscheinen der Zeitschrift gefeiert wurde, die von Cigar Aficionado *vergebene Auszeichnung »Man-of-the-Year«. Neben ihr der legendäre Zino Davidoff.*

Geschäft Ecke St. James Street / Jermyn Street bringen. Dort konnte ich mir meinen handverlesenen Vorrat an Kubazigarren für den Europaaufenthalt besorgen. Der Besuch solcher Zigarrenläden stellte immer den Höhepunkt meiner Reisen dar und bedeutete mir mehr als ein Abendessen in einem Drei-Sterne-Restaurant.

Kein einziges Mal bin ich in London gewesen, ohne daß ich meine Tour durch die berühmtesten Zigarrengeschäfte gemacht hätte. Besonders gerne ging ich zu Robert Lewis, Davidoff (natürlich), Alfred Dunhill, Desmond Sauter und J. J. Fox. Für Inhaber und Angestellte war es befremdlich, einen Amerikaner mit einer solchen Begeisterung für Zigarren zu erleben. Meistens reagierten sie mit Unverständnis: »Was soll daran so Besonderes sein?« Seit 100 oder noch mehr Jahren verkauften sie schon Zigarren, besonders kubanische. Aber für mich als Amerikaner war es ein Hochgenuß, in einem Land zu sein, in dem man kubanische Zigarren schätzte und ohne weiteres (also legal!) kaufen konnte.

Warum und wie *Cigar Aficionado* entstand

Wenn ich Ihnen jetzt die Geschichte von *Cigar Aficionado* erzähle, dann nicht, um mich damit zu brüsten - Sie werden gleich sehen, wie sehr hier das Glück zum Erfolg beitrug, denn viele meiner Entscheidungen waren unlogisch.

Die Worte »Zigarren-Aficionado« schrieb ich zum ersten Mal in meiner Kolumne »I Love a Good Smoke …« nieder, die in der Februarausgabe des *Wine Spectator* (1986) erschien, also fast 10 Jahre, bevor ich die Zigarren-Zeitschrift gleichen Namens aus der Taufe hob. Damals schrieb ich über eine historische Versteigerung, die im Dezember 1983 im Zeughaus des 7. Regiments in der Park Avenue / Ecke 67. Straße in New York stattgefunden hatte. Der schon damals legendäre Lew Rothman der Firma J. R. Tabacco hatte sie organisiert. Es war das erste Mal seit dem Erlaß des Handelsembargos von 1962 gegen Kuba, daß man kubanische Zigarren legal ersteigern konnte. Alle Zigarren der Auktion stammten noch aus der Zeit vor dem Embargo. Die großen Radiosender berichteten über dieses Ereignis, und publicityhungrige Käufer ersteigerten die ersten 15 oder 20 Posten zu Preisen, die weit über dem Wert lagen. Ich wartete die anfängliche Euphorie ab und kaufte dann einen ordentlichen Vorrat kleiner *Flor de Farachs* aus Vor-Castro-Zeiten zu einem vernünftigen Preis.

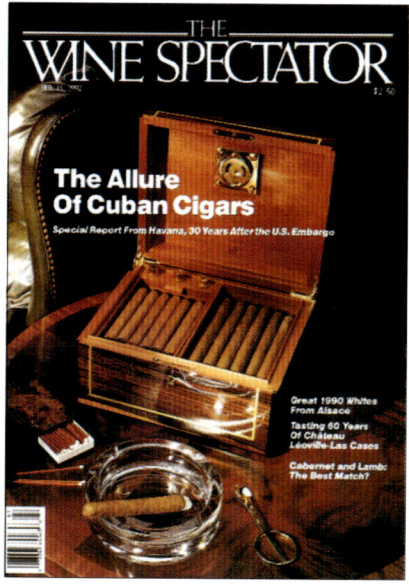

Es ist sehr passend, daß der Name »Cigar Aficionado« zum ersten

Der Erfolg dieser Ausgabe des Wine Spectator vom 15.2.1992 spielte eine wesentliche Rolle für die Entstehung des Cigar Aficionado.

Mal im *Wine Spectator* erschien, weil dessen Erfolg für die spätere Gründung von *Cigar Aficionado* unerläßlich war. Als Herausgeber und Verleger von *Wine Spectator* hatte ich ein redaktionelles Konzept entwickelt, um eine Zeitschrift herauszubringen, die meiner Leidenschaft Rechnung trug. Ich war bereit, Gelder einzusetzen, die der *Wine Spectator* eingebracht hatte, um eine eventuell unrentable Zigarren-Zeitschrift zu subventionieren.

1991 bat ich die Redakteure des *Wine Spectator*, neue Ideen zu einer inhaltlichen Erweiterung der Zeitschrift zu entwickeln. Ich dachte dabei an Themen wie Reisen, Essen und Kochen. Einer von ihnen schlug Zigarren vor. Zunächst lehnte ich ab, da mich in der Vergangenheit einige Redakteure wegen meiner Kolumne im *Wine Spectator* aufgezogen hatten. Sie hatten es, gelinde gesagt, für unangemessen gehalten, einen Artikel über Zigarren in einer Weinzeitschrift zu veröffentlichen. Jetzt aber bestanden die Redakteure auf einem speziellen Feature über kubanische Zigarren. Sie trommelten auf den Tisch und skandierten: »Ti - tel! Ti - tel!« Auf meine Frage, wer ihn denn schreiben solle, deuteten sie auf mich. So fuhr ich im Herbst 1991 mit James Suckling, unserem Bürochef in London, nach Kuba. Wir verbrachten dort eine Woche und recherchierten unsere Titelgeschichte für die Februarausgabe des *Wine Spectator*, die wir »Die Verlockung kubanischer Zigarren« nannten.

Diese Woche gehört zu einer der aufregendsten meines Lebens. Ich fühlte mich wie ein Kind, das sich in einem großen Spielwarenladen nach Herzenslust bedienen darf, oder wie eine Frau bei Tiffany oder Cartier, die über ein unbegrenztes Budget verfügen kann. Meine Aufregung steigerte sich außerdem noch durch die Brisanz der Reise: Kurz vor unserer Abreise riet mir ein Kubakenner, die Sache angesichts eines drohenden Staatsstreiches abzublasen.

Aber wir gerieten kein einziges Mal in Gefahr. Ganz im Gegenteil, überall wurden wir – sowohl auf den Feldern und in den Hütten der Vuelta Abajo, dem Anbaugebiet für Premiumzigarren und Deckblätter, herzlich willkommen geheißen, ebenso in den Zigarrenfabriken von Havanna. Höhepunkt unserer Rundreise war der Besuch der legendären Fabrik Romeo y Julieta, in der seit 1914 Zigarren hergestellt werden. Als wir die Halle betraten, begannen die Zigarrenroller, denen man gesagt hatte, daß wir amerikanische Journalisten seien, mit ihren Chavetas, ihren Arbeitsmessern, auf die Werkbänke zu schlagen. Als man uns erklärte, daß dies ihre traditionelle Form von Applaus und gleichzeitig ein Willkommensgruß sei, bekam ich eine Gänsehaut. Dieses Erlebnis bewegte mich noch viele Wochen später.

Die ganze Geschichte hatte mich so begeistert, daß ich mir auf der Heimreise schwor: »Ich bin jetzt 48. Man lebt nur einmal. Zum Teufel damit! Und ob ich eine Zigarren-Zeitschrift machen werde!« Ich wußte, daß mich nur bedingungslose Hingabe zum Erfolg führen würde. Der Zigarrenkonsum in den USA war von etwa 9 Milliarden Zigarren zu Beginn der 60er Jahre auf rund 2 Milliarden in den frühen 90er Jahren gesunken. Vermutungen über das passive Rauchen beeinflußten die öffentliche Meinung negativ, und immer mehr Behörden und Firmen beschränkten das Rauchen von Zigarren oder verboten es sogar ganz. Zu behaupten, Zigarrenrauchen sei nicht in Mode, wäre sogar noch eine gewaltige Untertreibung.

Hinzu kam, daß die Printmedien in den frühen 90er Jahren eine schwere Krise erlebten. Viele Zeitschriften gingen in Konkurs, und eine ganze Reihe von Verlagen hatte Personal entlassen müssen, um ihre Kosten unter Kontrolle zu bekommen – so auch M. Shanken Communications. Inc.

Trotzdem berief ich in New York das Redaktionsteam zu einer Sitzung ein. Wir saßen etwa zu acht in dem Konferenzraum, als ich verkündete, daß ich ein neues Produkt zum Thema Zigarren plante – und das ohne Marktforschungsanalysen, ohne Konzept und ohne finanzielle Grundlage. Niemand lächelte. Alle, die mit dem Management zu tun hatten, waren schockiert. Man riet mir, sehr langsam vorzugehen. Jemand schlug sogar vor, nur eine einzelne Ausgabe als Beilage für den *Wine Spectator* zu machen und dann die Idee mit der Zigarren-Zeitschrift zu vergessen, da es offensichtlich keinen Markt dafür gebe. Aber die Herausgabe einer Zigarren-Zeitschrift war für mich inzwischen zu einer fixen Idee geworden.

Zigarrenroller bei Romeo y Julieta in Havanna, Kuba

Lediglich einige Leute aus der Zigarrenindustrie bestärkten mich in meiner Idee, natürlich in der Hoffnung, daß mein Magazin ihrem flügellahmen Geschäft auf die Sprünge helfen könnte. Aber es kam dazu, daß ein Witz die Runde machte: »Sieh zu, daß du die erste Ausgabe kriegst, denn sie wird ein Sammelobjekt werden.« Niemand glaubte daran, daß es jemals zu einer zweiten Ausgabe käme.

Meine Freunde aus dem PR-Bereich waren ebenfalls sehr skeptisch. Ich weiß noch, daß ich von einigen immer wieder zu hören bekam: »Marvin, du hast den Verstand verloren.« Sie prophezeiten mir, daß ich nicht nur eine Menge Geld verlieren, sondern auch meinen Ruf als Herausgeber ruinieren würde. Sogar die Geschäftsleute der YPO (Young Presidents Organization) verhielten sich ablehnend, obwohl die meisten von ihnen Zigarren rauchten. Einige hielten unerbittlich dagegen, und nur die wenigsten meinten: »Warum, zum Teufel, soll man's nicht versuchen?« Je mehr meine Freunde über meinen Traum witzelten, um so entschlossener wurde ich, es ihnen zu beweisen.

Sogar ich hatte die Größe des Publikums, das an einer Zigarren-Zeitschrift interessiert war, unterschätzt. Ich hoffte auf etwa 15 000 bis 20 000 Käuze wie mich und war ganz darauf eingestellt, in Zukunft jährlich eine bedeutende Summe zu verlieren.

Die Werbekampagne, mit der ich *Cigar Aficionado* ins Leben rief, war äußerst laienhaft. Sie bestand in einer Schwarzweißanzeige auf einer sechstel Seite und lautete folgendermaßen: »Zigarren-Liebhaber gesucht. Es gibt weder Name noch Erscheinungstermin, auch keinen Preis. Ich weiß noch nicht, wie oft sie erscheinen soll, aber ich plane die Herausgabe einer Zigarren-Zeitschrift, und wenn Sie an der ersten und den weiteren Nummern interessiert sind, dann schreiben oder faxen Sie mir bitte. Ich werde Sie dann auf meine Interessentenliste setzen.« Diese Anzeige erschien nur im *Wine Spectator*.

Es war ein großer Glückstreffer. Ich entdeckte erst später, was im nachhinein ganz offensichtlich zu sein scheint. Dieselben Leute, die rauchen, trinken auch – und dieselben Leute, die trinken, rauchen auch. Die demographischen und psychographischen Profile von Zigarrenrauchern und Weinkennern/ Weinsammlern waren nahezu identisch. Die Abonnenten des *Wine Spectator* waren ideal, um bei ihnen für ein Zigarrenmagazin zu werben.

Zunächst bekam ich täglich nur ein oder zwei Antworten; nach einigen Wochen waren daraus fünf oder zehn geworden, und wenig später waren es sogar vierzig oder fünfzig am Tag. Ich stellte auch Zigarrenhändlern Postkarten zur Verfügung, die sie an ihre Kunden verteilen sollten, und so erhielt ich weitere Namen und Adressen. Als ich *Cigar Aficionado* schließlich als Vierteljahreszeitschrift aus der Taufe heben konnte, lagen mir ungefähr 25 000 bis 30 000 Anfragen für die erste Ausgabe vor.

Die meisten Zeitschriften brauchen Leser und Inserenten, um zu überleben. Meine Vorstellungen von der Zahl der Anzeigenkunden, die an *Cigar Aficionado* interessiert sein könnten, waren ebenso pessimistisch wie meine Einschätzung der Leserschaft. 1991 gab es nur sehr wenige Hersteller handgedrehter Zigarren, die überhaupt in den USA Werbung machten, und ihre Umsätze waren gering. Ich kannte nur sechs, von denen *Macanudo* den größten Marktanteil hatte. Dann gab es noch vier oder fünf andere Marken wie *Te-Amo*, *H. Upmann*, *Partagas*, *Davidoff* und *Dunhill*, das war praktisch alles. Wegen der großen Affinität zwischen Cognac, Scotch oder Port und einer guten Zigarre hielt ich es für möglich, auch einige Spirituosenhersteller als Inserenten zu gewinnen. Ich hoffte außerdem auf einige Hersteller von Luxusartikeln, wobei ich den Markt allerdings als sehr klein einschätzte. Der schlechte Ruf des Tabaks hätte sich auch auf ihre Produkte ausdehnen können, wenn sie in einer Tabak- und Zigarren-Zeitschrift beworben würden. Doch *Cigar Aficionado* übertraf alle Erwartungen.

Das Redaktions- und Vertriebsteam bestand aus Gordon Mott, George Brightman und James Suckling. Mott war bereits Chefredakteur einer meiner anderen Zeitschriften gewesen, des *Market Watch*, und wurde jetzt Chefredakteur von *Cigar Aficionado*. Brightman war schon seit 15 Jahren im Tabakgeschäft. Er verfügte über ein geradezu enzyklopädisches Wissen in allem, was Zigarren und Zigarrenhandel betraf. Suckling hatte mich 1991 auf meiner ersten Recherchereise nach Kuba begleitet und war schon damals Leiter unseres *Wine-Spectator*-Büros in Europa. Ohne Gordon, George und Jim wäre der *Cigar Aficionado* niemals zu dem geworden, was aus ihm geworden ist.

Mit diesem Team arbeitete ich das Konzept für *Cigar Aficionado* aus. Wir beschlossen, ein Hochglanzmagazin mit Geschichten über einzelne Zigarrensorten, über Anbaugebiete, Zigarrenverkostungen und Ratings zu entwickeln, ganz im Stile des *Wine Spectator*. Zusätzlich wollten wir Portraits von Prominenten sowie historische Infomationen liefern. Ich betrachtete unser Projekt auch als ein Lifestyle-Magazin für Männer. Mein Ziel war, die ganze Bandbreite dessen abzudecken, was Männern gefällt, zum Beispiel Urlaub zu machen, zu trinken, zu spielen, zu golfen oder ähnliches.

Durch die Kritik von künftigen Lesern oder Inserenten ließ ich mich keineswegs entmutigen, sondern versuchte zu erklären, daß hier bekannte Themen ganz anders dargestellt werden sollten.

In meiner Zeitschrift sollten Leserbriefe nicht mit »An den Herausgeber« überschrieben sein, sondern mit »Lieber Marvin«. Mein Gefühl sagte mir, daß ich meine Position persönlich zu vertreten hatte, gleichgültig, wie populär oder unpopulär sie war. Das konnte natürlich gefährlich werden, besonders dann, wenn das ganze Unternehmen fehlschlagen sollte, aber mein Glaube an das, was ich tat, zwang mich dazu.

Wir feierten die erste Ausgabe im September 1992 mit einem feierlichen Dinner im St.-Regis-Hotels in New York mit ungefähr 200 Gästen – ausnahmslos Zigarrenliebhaber und Zigarrenhändler. Unser erster »Mann-des-Jahres«-Preis wurde an Frau Philippine de Rothschild verliehen, die Inhaberin des berühmten Bordeaux-Weinguts Château Mouton-Rothschild.

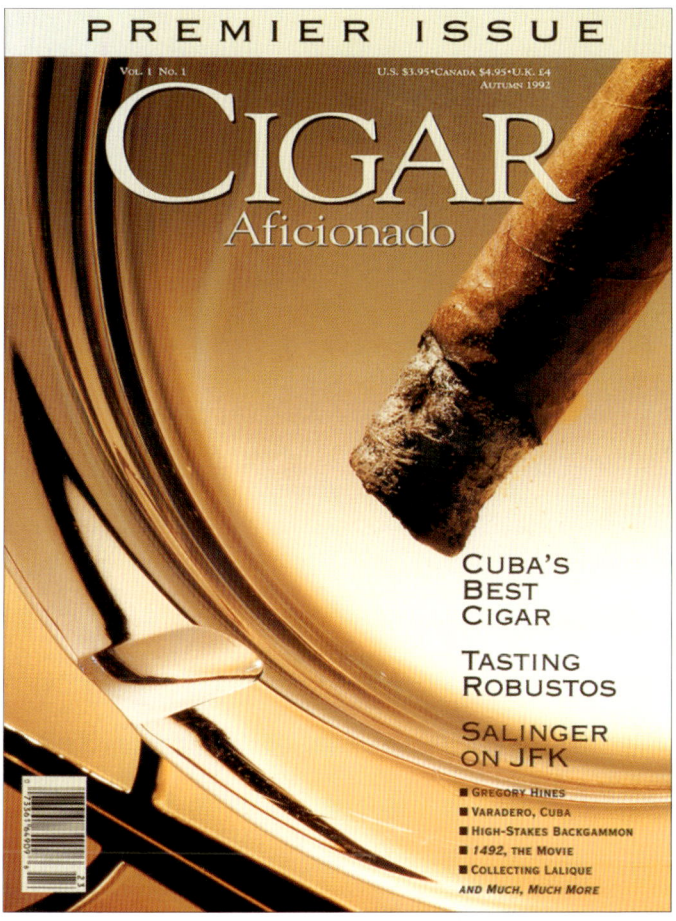

Sie war schon seit vielen Jahren Zigarrenraucherin. Unter den Koryphäen, die zu diesem Anlaß eine Rede hielten, waren Edgar M. Cullman, Zino Davidoff und Nick Freeman·aus London, David Tang aus Hongkong, Lew Rothman von der Gesellschaft J. R. Tabacco, Danny Blumenthal von der Firma Villazon, Phil Guarascio von General Motors, der Entertainer Gregory Hines, Oscar Boruchin aus Miami und viele, viele andere.

Der Rest ist Geschichte, wie man so sagt. Die ersten vier Jahre von *Cigar Aficionado* übertrafen unsere kühnsten Erwartungen: Wir erhielten Anzeigenaufträge aus allen Bereichen der Wirtschaft, und die Auflage stieg auf mehr als 400 000 Exemplare an. Die Zeitschrift ist heute international sehr erfolgreich und wird weltweit in fast 100 Ländern gelesen.

Einige Leser schrieben mir, daß sie von *Cigar Aficionado* begeistert seien und nur ungern drei Monate auf die nächste Ausgabe warteten. Deshalb geben wir seit Dezember 1996 eine monatliche Newsletter heraus, *Marvin Shanken's Cigar Insider*, der ausführliche und aktuelle Informationen über Zigarren und auch Ratings liefert. Und seit 1997 erscheint *Cigar Aficionado* alle zwei Monate, also sechsmal im Jahr.

1997 wurden wir mit dem »Acres of Diamonds«-Preis der Temple University's School of Communication and Theater als beste Verbraucherzeitschrift der letzten fünf Jahren ausgezeichnet. Zu den früheren Gewinnern gehörten *Smart Money*, *Sports Illustrated For Kids* und *Martha Stewart Living* – wahrlich keine schlechte Gesellschaft!

Die Zukunft vor Augen

Für Zigarrenraucher ist die Atmosphäre in den USA heutzutage viel freundlicher geworden. In unserer ersten Ausgabe konnten wir gerade einmal 50 Restaurants in den USA nennen, die an Zigarrenrauchern keinen Anstoß nehmen. Heute umfaßt diese Liste Tausende von Restaurants und Hotels, die Zigarrenrauchern wohlwollend gegenüberstehen. Auch die Anzahl sogenannter Zigarren-Events in Top-Restaurants ist unglaublich gestiegen.

Ich werde oft gefragt, wie ich diesen Zigarren-Boom erkläre. Ich glaube, daß es vor allem Genuß und Lebensfreude sind, die Männer – und seit kurzem auch Frauen – zur Zigarre greifen lassen. Zigarren machen nicht nur Spaß, sie schmecken auch hervorragend, und sie zu rauchen stellt eine wunderbare Form der Entspannung dar. Andere Erklärungsversuche könnten die Anti-Nichtraucherbewegung in den USA, der Zauber Kubas oder die Aura von Macht, Erfolg und Lebensart sein, die den Zigarrenraucher umgibt.

Aber natürlich können wir nicht immer nur das Vergnügen im Auge haben. In den letzten Jahren sind Zigarren zunehmend ins Kreuzfeuer der Gesundheitsaufklärer geraten – besonders die Amerikanische Krebsgesellschaft tut sich hier hervor. Allerdings gibt es bis heute kaum eindeutige Forschungsergebnisse über das Zigarrenrauchen, sondern in der Regel werden einfach die Daten für Zigarettenraucher auf Zigarrenraucher übertragen. Ich hoffe aber, daß eines Tages klare Forschungsergebnisse über die Risiken des Zigarrenrauchens vorliegen.

Zigarrenraucher wissen, daß der Rauch nicht inhaliert wird, außerdem machen Zigarren im Gegensatz zu Zigaretten nicht süchtig. Aus zahlreichen Gesprächen mit Ärzten, die selbst Zigarrenraucher – und Abonnenten unserer Zeitschrift – sind, habe ich erfahren, daß ein mäßiger Zigarrengenuß – also eine Zigarre pro Tag oder weniger – nur ein sehr begrenztes Risiko in sich birgt. Es ist überhaupt nicht mit dem Risiko eines Kettenrauchers zu vergleichen, der den Rauch von einem bis zu drei Päckchen Zigaretten am Tag inhaliert.

Ob das Rauchen einer Zigarre die möglichen Gesundheitsgefährdungen und eventuell die Auseinandersetzung mit einigen fanatischen Nichtrauchern wert ist, bleibt letztlich die persönliche Entscheidung jedes einzelnen Rauchers. Aber Sie sind nicht allein mit dieser Entscheidung. Solange ich etwas damit zu tun habe, wird es eine renommierte Zeitschrift geben, die die Fakten und Informationen rund um den Zigarrengenuß liefert.

Machen Sie's wie gehabt – eine anzünden und dabei lächeln.

Marvin R. Shanken
April 1997

KAPITEL I

DAS ERLEBNIS DES ZIGARRENRAUCHENS

Eines der größten Vergnügen

Zigarren ermöglichen ein wirklich einzigartiges Raucherlebnis, und es sind nur wenige Tabaksorten, die zur Herstellung von Zigarren verwendet werden. Dieser Tabak wird mit außerordentlicher Sorgfalt gezogen und gelagert. Während des Fermentierungsprozesses verliert er viel von seinem Nikotingehalt.

Zigarren sollten bei recht niedrigen Temperaturen brennen. Das bedeutet, daß der Tabak nicht verkohlen oder zu heiß werden darf, damit er seinen milden Geschmack nicht verliert. Schon allein der kühle Rauch trägt entscheidend dazu bei, das Rauchen einer Zigarre zu einem Erlebnis zu machen. Der Rauch wird durch die Geschmacksrezeptoren auf Zunge und Gaumen aufgenommen. Die vier grundlegenden Geschmackskomponenten sind süß, sauer, salzig und bitter. Aber auch Zigarrenrauch kann eine große Geschmacksvielfalt aufweisen. Es überrascht daher nicht, daß das Vokabular zur Beschreibung von Zigarren demjenigen der Verkostung von Weinen und Spirituosen ähnlich ist. Dort verwendet man Ausdrücke wie sauer, salzig, bitter, süß, streng, herb, mild, schwer, körperreich und ausgewogen. Mancher Genießer erweitert sein Zigarrenvokabular noch um anspruchsvollere Begriffe wie volltönig, transzendent oder opak.

Eine Zigarre kann unterschiedliche Geschmacksnuancen mit je unterschiedlichem Körper und Aroma aufweisen, und noch während eines Zuges kann sich der Geschmack verändern. Sie können noch zusätzliche Geschmacksunterschiede hervorrufen, indem Sie beim Rauchen essen oder trinken.

Allmählich setzt sich die Einsicht durch, daß die Kunst des Zigarrenrauchens eine gemächliche Tätigkeit ist, die gleichzeitig mit einer gewissen Eleganz verbunden ist. Rauchen Sie richtig, gelingt es Ihnen trotz aller Sie umgebenden Hektik, ruhig zu werden und sich zu entspannen. Die bedächtigen Atemzüge eines Aficionados hat man schon mit dem gleichmäßigen Atem verglichen, der sich beim Meditieren einstellt, und wie eine erfolgreiche Meditation setzt Zigarrenrauchen neue Energien frei. Sie werden merken, daß Zigarren Sie wieder in Schwung bringen, Ihre Sinne schärfen und Ihr Lebensgefühl steigern.

Die Kunst, eine Zigarre zu rauchen

Führen Sie die angesteckte Zigarre an die Lippen und blasen Sie erst einmal durch die Zigarre hindurch, um herbe Aromen, die beim Anzünden entstehen, zu vertreiben. Dann nehmen Sie den ersten Zug. Lassen Sie den kühlen Rauch durch den Mund strömen, aber inhalieren Sie nicht. Nehmen Sie die Zigarre wieder aus dem Mund, kosten Sie den Geschmack aus und blasen Sie den Rauch sanft aus. Warten Sie einen Moment, bevor Sie das nächste Mal ziehen.

Auf der Zigarre herumzukauen oder sie zwischen den Zähnen zu halten, während man etwas anderes tut, ist nicht empfehlenswert. Das Ergebnis wird ein nasser, zusammengedrückter Stummel sein, der nicht mehr gut zieht. Das ist weder erfreulich noch schön anzusehen. Legen Sie Ihre Zigarre ruhig hin und wieder kurz in den Aschenbecher. Solange Sie etwa einmal in der Minute ziehen, sollte eine gute Zigarre nicht ausgehen.

Lächeln Sie beim Rauchen, denn Sie genießen gerade eines der größten Vergnügen, die das Leben bereithält!

Wenn Sie zu Ende geraucht haben, sollten Sie Ihre Zigarre nicht wie eine Zigarette ausdrücken, da die Teerreste einen unangenehmen Geruch produzieren. Legen Sie sie einfach im Aschenbecher ab – sie wird von alleine ausgehen, ohne daß zusätzlicher Rauch entsteht. Beseitigen Sie die Stummel schnell, um hartnäckigen Zigarrengeruch zu vermeiden.

Wie man eine Zigarre hält

Halten Sie eine Zigarre wie Ihre Geliebte: sanft, aber bestimmt. Quetschen Sie sie nicht zwischen zwei Fingern, denn Sie könnten sie beschädigen oder den freien Durchzug des Rauches einschränken. Aficionados sind gemütliche Zeitgenossen und halten ihre Zigarre am besten zwischen Daumen und einem oder zwei anderen Fingern.

Sie werden feststellen, daß Sie allein durch Ihre Hände viel über eine Zigarre erfahren können, bevor Sie sie anschneiden und anzünden. Wie sie sich anfühlt, ist ein wichtiger Prüfstein für die Qualität einer Zigarre. Bald wissen Sie, wie sich eine einwandfrei handgerollte und bei richtiger Luftfeuchtigkeit gelagerte Zigarre anfühlt. Sie ist fest und gibt unter dem sanf-

*Tom Selleck
beim Wohl-
tätigkeitsdinner
»A Night to
Remember« im
April 1997,
mit Genuß
eine Zigarre
rauchend*

ten Druck Ihrer Fingerspitzen etwas nach. Sie fühlt und hört sich nicht trocken an und hat keine weichen Stellen, die dazu führen könnten, daß sie zu schnell abbrennt und dadurch zu streng schmeckt. Sie hat aber auch keine harten Stellen, die den Zug behindern und die Gefahr erhöhen, daß sie zwischen zwei Zügen erlischt.

Vielleicht lernen Sie sogar, seidenweiche Connecticut-Shade-Deckblätter von Deckblättern mit gröberer Struktur bei geschlossenen Augen zu unterscheiden. Konzentrieren Sie sich daher immer auf die Besonderheiten jeder Zigarre, um diese Fähigkeit zu erwerben.

Rauchen im Freien

Eine Zigarre im Freien zu rauchen ist ein Vergnügen ganz besonderer Art. Es ist geradezu berauschend, eine Zigarre zu rauchen, während über einem die Wolken vorbeiziehen oder man in die Sterne schaut. Oft ist es ja ohnehin so, daß man nur noch im Freien in Ruhe rauchen kann.

Einige Puristen haben die Forderung aufgestellt, nie zu rauchen, solange man mit etwas anderem beschäftigt ist, damit man sich ganz auf das Erlebnis des Zigarrenrauchens konzentrieren kann. Ich finde es aber völlig in Ordnung, beim Spa-

Präsident Clinton hält mit Vergnügen eine gute Zigarre im Mund, während er sich auf dem Golfplatz entspannt.

zierengehen oder auf dem Golfplatz zu rauchen. Natürlich verbietet es sich von selbst, wenn man joggt oder vergleichbaren Aktivitäten nachgeht, bei denen man nicht langsam und entspannt durchatmen kann.

Suchen Sie zum Rauchen windgeschützte Plätze auf, damit kein Luftzug den Brand Ihrer Zigarre beschleunigt. Kürzere Zigarren sind leichter abzuschirmen und deshalb bei windiger Witterung besser geeignet. Denken Sie daran, daß eine steife Brise das Aroma Ihrer Zigarre mildert und möglicherweise die Bildung von Asche verhindert. Wenn Sie häufig im Freien rauchen, verwenden Sie am besten ein Feuerzeug (ein Gas-, kein Benzinfeuerzeug), denn im Luftzug eine gleichmäßige Flamme mit einem Streichholz zu erzeugen ist auch für den geschicktesten Raucher eine Herausforderung.

Achten Sie darauf, daß Sie beim Rauchen nie Sonnencreme an den Fingern haben. Zigarren nehmen Chemikalien sehr schnell auf, und Sonnencremes enthalten nichts, was man gerne rauchen möchte. Wenn Sie in einer trockenen Gegend rauchen, werfen Sie bitte abgebrannte Streichhölzer oder

Zigarrenstummel nicht weg, sondern nehmen Sie sie mit. Um das abgeschnittene Ende oder die kalte Asche brauchen Sie sich keine Sorgen zu machen, sie sind sogar biologisch abbaubar.

Die Zigarre, die Ihnen am besten steht

Am besten paßt die Zigarre zu Ihnen, die Ihnen das zufriedenste Lächeln entlockt. Machen Sie sich ansonsten keine Sorgen: Weinbrand-Connaisseure mit runder Gesichtsform weichen auch einem runden Cognacglas nicht aus.

Achten Sie auf die Asche

Erfahrene Kenner können die Zigarren anderer Leute über den ganzen Raum hinweg einschätzen. Als Kriterien dienen ihnen der Geruch und die Asche. Eine Zigarre hoher Qualität riecht einfach besser als eine schlechte. Bei der Asche ist die Farbe entscheidend. Allgemein gilt: Je weißer die Asche, desto besser ist der Boden, auf dem der Tabak gezogen wurde. Auch die Struktur der Asche ist aussagekräftig: An einer guten Zigarre bildet sich ein bemerkenswerter Aschekegel, der ihren dichten Aufbau erkennen läßt.

Manchmal entwickelt sich bei Zigarrendinners ein Wettstreit, wessen Zigarre die längste Aschenspitze hält. Gelegentlich ist dies ganz amüsant, aber im allgemeinen schnippt man die Asche ab, bevor sie Kleidung, Möbel oder Teppiche beschmutzt. Raucher, die dies nicht tun, verweisen darauf, daß Zigarrenasche Teppiche pflege, da sie Fett absorbiert und bindet. Vielleicht stimmt das sogar, aber die meisten Gastgeber sind wenig begeistert, wenn ihre Gäste die Asche irgendwo verstreuen. Asche gehört daher besser in den Aschenbecher.

KAPITEL 2

DIE AUSWAHL VON PREMIUMZIGARREN

Sie haben die Wahl

Die meisten sind bei ihren ersten Zigarrenkäufen sehr nervös und haben feuchte Hände – ganz ähnlich wie bei anderen »Das-erste-Mal-Erlebnissen«. Es ist ein komplizierter Prozeß. Da wir nicht genau wissen, was wir tun, besteht auch die Möglichkeit, eine Dummheit zu begehen. Natürlich muß das nicht so sein. Gute Tabakhändler sind wie gute Weinhändler, die sich die Zeit nehmen, Anfänger ausführlich zu beraten. Das Wichtigste ist, daß Sie sich beim Kauf von Ihrem persönlichen Geschmack leiten lassen.

Um mehr Sicherheit zu bekommen, sollten Sie einige Zeit in einem guten Tabakladen verbringen. Halten Sie Augen, Ohren und Nase offen. Hören Sie den Gesprächen zu und stellen Sie hin und wieder Fragen. Lernen Sie den Unterschied zwischen einem Connecticut Shade und Deckblättern aus kubanischer Saat kennen. Berühren Sie die Oberfläche von Zigarren, die bei richtigem Feuchtigkeitsgrad gelagert wurden und sich wie Seide anfühlen, vielleicht sogar etwas Öl absondern. Erleben Sie, wie weich ein Kamerun-Deckblatt ist. Riechen Sie den Unterschied zwischen würzigen und milderen Zigarren, wenn Kunden sich eine Zigarre anstecken. Wenn Sie in einem Laden sind, können Sie es wie in einem Restaurant im Ausland machen, wo Sie die Speisekarte nicht lesen können: Zeigen Sie auf etwas, wofür sich gerade jemand entschieden hat, und sagen Sie einfach: »Das hätte ich auch gerne.«

Sie werden schnell eigene Standpunkte und eine eigene Meinung entwickeln. Mit ausreichender Erfahrung können

Sie sie auch begründen. Sie können dann den Größenunter-
schied zwischen einer Pyramide und einem Torpedo erkennen und beurteilen, ob der Lieferant, über den gesprochen
wird, seine Standards verbessert oder in der Auswahl seiner
Tabake nachlässiger wird.

Der richtige Tabakhändler

Im Idealfall kommt Ihrem Tabakhändler eine ähnlich wichtige Rolle zu wie Ihrem Anwalt, Ihrem Steuerberater oder
Ihrem Schneider. Vielleicht gehören Sie zu denen, die über
neue Produkte, neue Marken und wichtige Ereignisse wie zum
Beispiel ein Zigarrendinner informiert werden. Das wäre
wirklich ein Privileg, denn oft sind es nur die Freunde und
treuen Kunden des Händlers, die die Gelegenheit bekommen,
seltene Zigarren zu verkosten.

Vielleicht vertrauen Sie Ihrem Tabakhändler sogar Spezial-
aufträge an, wenn Sie ausgefallene Zigarren suchen. Manche
Tabakhändler räumen bevorzugten Kunden sogar einen Platz
für private Vorräte in ihrem Lager ein.

*Viel Zeit in Zigarrengeschäften zu verbringen und verschiedene Zigarren
auszuprobieren kann Ihnen helfen, Ihren Geschmack zu entwickeln.*

Alfred Dunhill Limited in London bietet weltweit eines der besten Angebote an Zigarren und Zigarrenaccessoires.

Auch wenn der Tabakhändler zu einem guten Freund wird, sollten Sie sich nicht scheuen, eine Zigarre umzutauschen, die nicht in Ordnung ist. Er kann die Zigarre seinem Großhändler oder auch dem Hersteller zurückgeben, der dankbar dafür sein wird, die Zigarre ersetzen, seinen schwer erkämpften Ruf wahren und so einen geschätzten Kunden halten zu können.

Da der Tabakhändler bei Ihrer Suche nach hervorragenden Zigarren ein wichtiger Partner ist, sollten Sie ihn sehr sorgfältig aussuchen. Machen Sie als einfachen Test eine Selbstbefragung. Mögen Sie das Geschäft und die Leute? Kommen Sie leicht mit ihnen ins Gespräch? Hat man dort für Ihren Geschmack und Ihre Vorlieben Verständnis? Können Sie den Empfehlungen vertrauen? Macht man Ihnen Vorschläge, die Ihre Kenntnisse erweitern, oder versucht man nur, Ihnen die Hausmarken zu verkaufen? Sie kaufen herausragende Zigarren, die ihren Preis haben, und dafür können Sie einen angemessenen persönlichen Service erwarten, der Ihren Vorlieben und Abneigungen Rechnung trägt.

Ein ebenso wichtiges Kriterium bei der Auswahl des Händlers ist die Art, wie er seine Zigarren lagert. Wenn Sie ein

Tabakwarengeschäft betreten und sehen, daß der größte Teil des Ladens von Detektivromanen, Wettzeitungen und Lottozubehör beansprucht wird, während die Zigarren in einem staubigen Glaskasten aufbewahrt werden und daneben in vergilbten Ständern Taschenmesser, Feuerzeuge und Sonnenbrillen ausgestellt sind – dann sind Sie kaum richtig, um sich über gute Zigarren zu informieren. Versuchen Sie es trotzdem, vielleicht werden Sie angenehm überrascht. Manche Läden haben in einem unzugänglichen Hinterzimmer ein gepflegtes Zigarrenlager und einen festen Kundenstamm, der von hier seine

Zino Davidoff (1906–1994) war einer der einflußreichsten und geachtetsten Männer in der Zigarrenindustrie.

Vorräte bezieht. Wenn Ihnen dann allerdings eine in Zellophan eingepackte Zigarre aus einer Kiste angeboten wird, auf der zu lesen steht »Kauft Kriegsanleihen!«, ziehen Sie sich lieber zurück.

Wenn aber ein Geschäft einen begehbaren Humidor besitzt, das Personal Sie auffordert, sich umzusehen, und Sie die mild duftende Luft atmen, die so viel Feuchtigkeit enthält, daß man glaubt, es sei kühler, als es bei 21 °C tatsächlich ist – dann haben Sie vielleicht ein Paradies entdeckt.

Haben Sie auch nur den leisesten Zweifel an der Qualität eines Tabakhändlers, dann kaufen Sie dort einfach eine Zigarre. Sobald Sie Ihnen gehört, können Sie sie ohne weiteres befühlen und zusammendrücken. Rollen Sie sie zwischen den Fingern. Fühlt sie sich weich an, sogar »so rund, so fest, so gut gefüllt«, wie eine alte Zigarrenwerbung zu sagen pflegte, dann hat man Sie wahrscheinlich gut beraten. Wenn das Deckblatt ein knisterndes Geräusch macht, knackt oder bricht, dann ist die Zigarre nicht ordnungsgemäß gelagert worden.

Wenn Sie einmal den Händler Ihres Vertrauens gefunden und eine solide Beziehung zu ihm aufgebaut haben, dann wird Ihr Hauptproblem darin bestehen, Ihre Einkäufe auf Mengen zu beschränken, die Sie auch richtig lagern können. Das Ritual der Auswahl und des Erwerbs einer Zigarre hat etwas unvergleichlich Verführerisches und Verlockendes an sich. Obwohl der Kauf einer Zigarre an sich ein wunderbares Ritual ist, sollte er nicht darin erstarren. Bleiben Sie offen für neue Möglichkeiten, und lassen Sie zu, daß Ihr Geschmack sich wandelt und reift. Natürlich sollten Sie immer einen guten Vorrat Ihrer Lieblingszigarren haben, aber probieren Sie auch regelmäßig Neues aus, um Ihren geschmacklichen Horizont zu erweitern.

Zigarren bewerten

Aficionados entwickeln ein Gespür für Zigarren, die ihnen gefallen. Hier ist ein kleiner Fragenkatalog zusammengestellt, der Ihnen als Leitfaden zur Beurteilung einer Zigarre dienen kann. Wenn Sie mehrere Zigarren nacheinander bewerten wollen, sollten Sie immer mit den milderen Sorten beginnen und dann mit den stärkeren fortfahren.

Geschmack: Mögen Sie den Geschmack? An welche Gerüche und Empfindungen erinnert er Sie? Ist er würzig oder mild? Wie ist der erste Geschmackseindruck dieser Zigarre? Welcher Geschmack bleibt im Mund zurück, nachdem Sie die Zigarre zu Ende geraucht haben, und wie lange hält er an?

Ihren Zigarrenhändler sollten Sie mit großer Sorgfalt auswählen. Notieren Sie sich ruhig die Antworten auf Ihre zahlreichen Fragen.

Zerbrechen Sie sich nicht den Kopf über Fachausdrücke. Stellen Sie einfach Vergleiche an, die Ihnen geläufig sind, z. B. Kakao, Kaffee, Vanille, Herbstblätter oder nasses Gras.

Sehen und Fühlen: Wie fühlt sich die Zigarre an, und wie sieht sie aus? Fühlt sie sich feucht und weich an? Ist sie überall gleich fest? Hat das Deckblatt eine regelmäßige Oberfläche, oder ist es mit Flecken und Maserungen überzogen, vielleicht sogar gekerbt oder eingerissen? Kurz: Sieht die Zigarre vollkommen aus, sowohl in ihren Proportionen als auch in ihrer Verarbeitung? Nach und nach werden Sie ein feines Gefühl für die Farben und die Beschaffenheit einer Zigarre entwickeln.

Brand und Zug: Ist die Zigarre leicht zu rauchen? Ist der kühle Rauch vom ersten bis zum letzten Zug gleichmäßig schmackhaft? Zieht sie gut? Geht sie zu leicht aus? Brennt sie schnell und füllt sie Ihren Mund mit heißem Rauch?

Es gibt nur eine wahre Methode für die Bewertung einer Zigarre, sie zu rauchen. Wenn sie leicht zu rauchen ist, ist sie auch gut gefertigt.

Abwechslung ist alles

Es gibt Zigarren für bestimmte Gelegenheiten. Haben Sie nur eine kleine Pause von 15 Minuten zwischen dem Mittagessen und dem nächsten Termin, wäre es eine Schande, eine Zigarre anzustecken, an der Sie sich eine ganze Stunde erfreuen könnten. Wenn Sie andererseits ausführlich über den Sinn des Lebens, über die Situation der Bundesliga oder über die Bedeutung der Heirat an sich diskutieren möchten, dann ist eine ansehnliche Zigarre genau das richtige.

Wer mehrere Zigarren am Tag raucht, geht meist allmählich zu immer stärkeren Sorten über. Einige schätzen aber auch den Genuß einer leichten Zigarre vor dem Zubettgehen und rauchen morgens eine mächtige Zigarre, um richtig wach zu werden. Andere dagegen heben sich stärkere Zigarren für das Wochenende auf. Rauchen ist eine sehr persönliche Angelegenheit, bei der es nur Richtlinien, aber keine Regeln gibt. Als vollkommener Gastgeber und Aficionado treffen Sie natürlich eine Auswahl, die sowohl Ihren Freunden als auch Ihnen selbst schmeckt.

KAPITEL 3

MARVIN R. SHANKENS
40 ZIGARRENMARKEN

Heute werden weltweit Hunderte von Zigarrenmarken hergestellt. Manche sind nur in be-
stimmten Regionen, andere dagegen weltweit
erhältlich. Einige Marken sind etwas ganz Besonderes, entweder weil sie sich ausgesprochen gut verkaufen,
hervorragend schmecken oder in der Geschichte eine besondere Rolle einnehmen.

Im folgenden finden Sie in alphabetischer Reihenfolge
meine persönliche Auswahl von 40 Zigarrenmarken, die ich für
die bedeutendsten halte. Die mit Sternchen markierten Zigarrenmarken benutzen kubanische Zigarrennamen und sind aus
namensrechtlichen Gründen nicht in Europa erhältlich.

Sind bei der folgenden Liste mehrere Länder als Ursprungsland für den Einlagetabak aufge-
führt, so kann jeder Einlagetabak wiederum aus zwei oder mehreren Tabaksorten des gleichen
Landes gemischt sein. Wenn aber zwei oder mehr Länder hinter den Stichworten »Umblatt«
oder »Deckblatt« genannt sind, stammt der Tabak dieser Marke aus unterschiedlichen Quellen.

ARTURO FUENTE

Die Gesellschaft stellt vorzüglich gearbeitete geschmackreiche Zigarren zu erschwinglichen Preisen her. Seit Arturo Fuente die Firma 1912 in Florida gegründet hatte, brannten vier Produktionsstätten ab, bevor sich die Gesellschaft in der Dominikanischen Republik niederließ. Heute führen Carlos Fuente sen. und Carlos Fuente jun. das Familienerbe fort und leiten eines der weltgrößten Unternehmen für handgemachte Zigarren. Aufgrund der geringen Produktionsmengen ist *Arturo Fuente* in Deutschland leider kaum vertreten. Besonders empfehlenswert ist die *Hemingway*.

Hergestellt in der Dominikanischen Republik
Einlage/Umblatt: Dominikanische Republik
Deckblatt: Kamerun

KURZBESCHREIBUNG

NAME DER ZIGARRE:
_____

GRÖSSE:
_____

GEKAUFT BEI:
_____

PREIS:
_____

DATUM:
_____

PERSÖNLICHER KOMMENTAR:
_____
_____

Bitte beachten Sie die genaueren Angaben auf S. 166.

ASHTON

Es handelt sich um Zigarren mit mittelstarkem Körper, die von derselben Firma hergestellt werden, die auch *Arturo Fuente* produziert. Im Jahr 1985 wurde dieses Unternehmen von einem Zigarrenhändler aus Philadelphia, Robert Levin of Holt's, gegründet. Jährlich werden etwa drei Millionen *Ashtons* produziert. Neben der Serie *Ashton Standard* gibt es noch die *Ashton Aged Cabinet Selection* – in der Mehrheit zylindrisch geformte Perfectos – und die Serie *Ashton Aged Maduro*, die aber nur in geringem Umfang erhältlich ist.

Hergestellt in der Dominikanischen Republik
Einlage/Umblatt: Dominikanische Republik
Deckblatt: USA/Connecticut Shade

KURZBESCHREIBUNG

NAME DER ZIGARRE:

GRÖSSE:

GEKAUFT BEI:

PREIS:

DATUM:

PERSÖNLICHER KOMMENTAR:

Bitte beachten Sie die genaueren Angaben auf S. 167.

ASTRAL

Man nehme: Ein milliardenschweres Unternehmen, 25 Jahre Erfahrung in Honduras und drei Jahre harter Arbeit, um eine Super-Premiumzigarre zu entwickeln. Das Ergebnis ist die *Astral*, die Spitzenzigarre aus dem Powerhaus UST (United States Tobacco Manufactoring Company Inc.), das auch die *Don Tomas* produziert. Sie wird in Danli hergestellt, dem Kerngebiet der Zigarrenproduktion in Honduras. *Astrals* werden in fünf Formaten geliefert, zu denen die pyramidenförmige *Perfeccion* ebenso zählt wie die ungewöhnliche *Favorito*, die wie eine umgekehrte Pyramide aussieht. Seit Anfang 1998 ist die *Astral* auch in Deutschland erhältlich.

Hergestellt in Honduras
Einlage: Dominikanische Republik, Nicaragua
Umblatt: Dominikanische Republik
Deckblatt: Ecuador

KURZBESCHREIBUNG

NAME DER ZIGARRE:

GRÖSSE:

GEKAUFT BEI:

PREIS:

DATUM:

PERSÖNLICHER KOMMENTAR:

Bitte beachten Sie die genaueren Angaben auf S. 167.

AVO

Heute zählt die *Avo* zu den bekanntesten Zigarrenmarken und genießt höchstes Ansehen. Ihre Geschichte ist eine der größten Erfolgsstories des Zigarrenhandels. Der gelernte Bar-Pianist Avo Uvezian und Hendrik Kelner von Tabacos Dominicanos S.A., der Macher der *Davidoff*, schufen diese Zigarre 1987, als die dominikanische *Davidoff* noch in der Entwicklung war. Die Verkaufszahlen der *Avo* verzehnfachten sich dann innerhalb von nur drei Jahren. Die zwölf Formate der beiden Serien *Trio* und *Quartetto* zählen zu den würzigsten und gehaltvollsten dominikanischen Zigarren.

Hergestellt in der Dominikanischen Republik
Einlage/Umblatt: Dominikanische Republik
Deckblatt: USA/Connecticut Shade

KURZBESCHREIBUNG

NAME DER ZIGARRE:

GRÖSSE:

GEKAUFT BEI:

PREIS:

DATUM:

PERSÖNLICHER KOMMENTAR:

Bitte beachten Sie die genaueren Angaben auf S. 167.

BAUZA

Der Taxifahrer Oscar Boruchin sollte im Jahr 1961 die denkwürdigste Fahrt seines Lebens machen, als er einen Exilkubaner am Miami-Airport abholte, denn der Fahrgast beglich die Gebühr anschließend mit einer Kiste kubanischer Zigarren. Dies war für Boruchin der Anstoß, seinen Beruf zu wechseln und Zigarrenhändler zu werden. Zunächst arbeitete er als Verkäufer bei General Cigar Co. Im Jahr 1985 übernahm er Mike's Cigars in Miami. Fünf Jahre später erwarb er die amerikanischen Rechte an der *Bauzá*. Sie ist eine ungewöhnlich würzige dominikanische Zigarre, die auch für Havanna-Raucher interessant sein dürfte und in Deutschland erst 1999 eingeführt wurde. Die *Bauzá* wird in den Fabriken von A. Fuente hergestellt.

Hergestellt in der Dominikanischen Republik
Einlage: Dominikanische Republik
Umblatt: Dominikanische Republik
Deckblatt: Ecuador

KURZBESCHREIBUNG

NAME DER ZIGARRE:

GRÖSSE:

GEKAUFT BEI:

PREIS:

DATUM:

PERSÖNLICHER KOMMENTAR:

Bitte beachten Sie die genaueren Angaben auf S. 167.

BERING

Seit 1905 ist *Bering* auf dem Markt und damit eine der ältesten Zigarrenmarken Amerikas. Ursprünglich handelte es sich um eine Clear-Havanna-Zigarre, die in den USA aus kubanischem Tabak hergestellt wurde. Im Jahr 1985 kaufte die Swisher International Group Inc. die Marke auf und verlegte 1990 die Produktion von Tampa in Florida nach Honduras. Heute teilen sich die Firmen Nestor Plasencia und Villazon & Co. die Herstellung. Plasencia gilt als Zigarrenkönig von Honduras, aus seinen Fabriken stammen auch die gleichnamige *Plasencia*, die *Churchill* und *Artist Line*.

Hergestellt in Honduras
Einlage: Dominikanische Republik, Honduras,
   Mexiko, Nicaragua
Umblatt: Honduras
Deckblatt: Mexiko, USA/Connecticut Shade

KURZBESCHREIBUNG

NAME DER ZIGARRE:

GRÖSSE:

GEKAUFT BEI:

PREIS:

DATUM:

PERSÖNLICHER KOMMENTAR:

Bitte beachten Sie die genaueren Angaben auf S. 168.

BOLIVAR

Die *Bolivar*, eine der stärksten kubanischen Marken, zeichnet sich durch ihren vollen Geschmack aus. Sogar noch die kleinsten Formate, etwa die *Bonita* (4⅞ Inches [124 mm] mit einem Ringmaß von 40) oder die *Petit Corona* (5 Inches [127 mm] bei einem Ringmaß von 42), sind Schwergewichte. Eines der besten Formate dieser Serie ist *Belicoso Fino*, ein Torpedo mit einer Länge von 5½ Inches (140 mm) und einem Ringmaß von 52. Der Name der Marke erinnert an Simón Bolívar, den Freiheitshelden der venezolanischen Revolution Anfang des letzten Jahrhunderts. Bolívar – bekannt auch als »Libertador« – gilt als einer der bedeutendsten politischen und militärischen Führer im Unabhängigkeitskampf Südamerikas gegen die spanische Herrschaft. Die Marke *Bolivar* existiert seit 1901.

Hergestellt in Kuba
Einlage/Umblatt/Deckblatt: Kuba

KURZBESCHREIBUNG

NAME DER ZIGARRE:

GRÖSSE:

GEKAUFT BEI:

PREIS:

DATUM:

PERSÖNLICHER KOMMENTAR:

Bitte beachten Sie die genaueren Angaben auf S. 168.

COHIBA

Die *Cohiba* ist die Zigarre, die weltweit das höchste Ansehen genießt. Sie war 1966 die erste neukreierte kubanische Zigarre nach der Revolution und ursprünglich die persönliche Marke von Fidel Castro. Man mußte sie sich schon von Fidel selbst schenken lassen, denn ansonsten war sie nicht erhältlich. Die *Cohiba* enthält qualitativ sehr hochwertige Einlagen und die besten Umblätter aus Kubas Spitzenplantagen. Ihren typischen Geschmack verdankt sie der einzigartigen dreifachen Fermentierung des Tabaks, was übrigens nun auch auf die neue *Trinidad* zutrifft. Die *Cohiba Robusto* gilt als Maßstab für alle anderen kubanischen Zigarren desselben Formats, der hohe Preis aller *Cohibas* ebenfalls. *Cohiba* und *Trinidad* entstammen der Fabrik El Laguito, die von einer Frau, Emilia Tamayo, geleitet wird.

Hergestellt in Kuba
Einlage/Umblatt/Deckblatt: Kuba

KURZBESCHREIBUNG

NAME DER ZIGARRE:

GRÖSSE:

GEKAUFT BEI:

PREIS:

DATUM:

PERSÖNLICHER KOMMENTAR:

Bitte beachten Sie die genaueren Angaben auf S. 170.

CUESTA–REY

Angel LaMadrid Cuesta und Peregrino Rey begannen im Jahre 1884, in Tampa (Florida) Zigarren herzustellen. *Cuesta-Rey*, eine der ältesten Zigarrenmarken Amerikas, verkauft sich bis heute sehr gut. Die Firma wurde 1958 von M & N Cigar Manufacturers Inc. aufgekauft, deren Geschichte sogar bis ins späte 18. Jahrhundert zurückgeht. Im Jahr 1986 begann die Zusammenarbeit von M & N mit der Familie Fuente als Joint-Venture und damit der Vertrieb von Fuente-Zigarren in den USA. Seit den 80er Jahren produziert Fuente *Cuesta-Reys* in der Dominikanischen Republik.

Hergestellt in der Dominikanischen Republik
Einlage/Umblatt: Dominikanische Republik
Deckblatt: Kamerun, USA/Connecticut Shade

KURZBESCHREIBUNG

NAME DER ZIGARRE:

GRÖSSE:

GEKAUFT BEI:

PREIS:

DATUM:

PERSÖNLICHER KOMMENTAR:

Bitte beachten Sie die genaueren Angaben auf S. 171.

DAVIDOFF

Einst waren *Davidoff*-Zigarren eine kubanische Institution. Streitigkeiten mit Cubatabaco (so der frühere Name der Habanos S. A., Kubas Zigarrenexportfirma) führten dann dazu, daß die Gesellschaft Davidoff International ihre Zigarren vom Markt nahm. Die Verantwortung für die Produktion wurde Hendrik Kelner in der Dominikanischen Republik übertragen, und im November 1990 verließen die ersten *Davidoff*-Zigarren das Land. *Davidoff* zählt zu den Bestseller-Marken in den USA und in Europa. Nach dem Wiederaufbau der abgebrannten Fabrik 1996 wurde 1998 eine zusätzliche Fabrik eröffnet.

Hergestellt in der Dominikanischen Republik
Einlage/Umblatt: Dominikanische Republik
Deckblatt: USA/Connecticut Shade

KURZBESCHREIBUNG

NAME DER ZIGARRE:

GRÖSSE:

GEKAUFT BEI:

PREIS:

DATUM:

PERSÖNLICHER KOMMENTAR:

Bitte beachten Sie die genaueren Angaben auf S. 172.

DIAMOND CROWN

Für eine Gesellschaft ist es eine große Leistung, das stolze Alter von 100 Jahren zu erreichen. Als das Unternehmen M & N Cigar Manufacturers Inc. sich diesem Alter näherte, wollte ihr Vorsitzender, der Patriarch Stanford Newman, dies gebührend feiern. In Zusammenarbeit mit der Familie Fuente schuf Newman die Robusto-Serie der *Diamond Crown*. Jedes der fünf Formate dieser Serie ist mit einem Ringmaß von 54 außergewöhnlich dick, gleichzeitig aber überraschend mild. Ihre goldglänzenden, öligen Connecticut-Shade-Deckblätter sind doppelt fermentiert. Die Produktion ist auf rund 200 000 Zigarren pro Jahr beschränkt.

Hergestellt in der Dominikanischen Republik
Einlage/Umblatt: Dominikanische Republik
Deckblatt: USA/Connecticut Shade

KURZBESCHREIBUNG

NAME DER ZIGARRE:

GRÖSSE:

GEKAUFT BEI:

PREIS:

DATUM:

PERSÖNLICHER KOMMENTAR:

Bitte beachten Sie die genaueren Angaben auf S. 172.

DON DIEGO

D ie *Don Diegos* sind gleichbleibend mild und hervorragend für Anfänger geeignet. Sie wurden erstmals 1962 auf den Kanarischen Inseln hergestellt, kommen aber heute aus La Romana in der Dominikanischen Republik. 1996 erweiterte der Hersteller Consolidated das Programm um die hochpreisige, aber hervorragende Serie *Playboy*, die extra für das Männermagazin entwickelt wurde. Aus derselben Fabrik stammt die 1999 in den USA und in Europa gänzlich neu vorgestellte *Fürst Bismarck* (s.a. S. 55).

Hergestellt in der Dominikanischen Republik
Einlage: Brasilien, Dominikanische Republik
Umblatt: Dominikanische Republik
Deckblatt: USA/Connecticut Broadleaf,
    USA/Connecticut Shade

KURZBESCHREIBUNG

NAME DER ZIGARRE:

GRÖSSE:

GEKAUFT BEI:

PREIS:

DATUM:

PERSÖNLICHER KOMMENTAR:

Bitte beachten Sie die genaueren Angaben auf S. 172.

DON TOMAS

Es handelt sich um eine originale Honduras-Zigarre des Unternehmens UST, der »smokeless tobacco company«, die auch die *Astral* produziert. Die *Don Tomas* wird in einer gut 25 Jahre alten Zigarrenfabrik hergestellt, die als CACSA (Central American Cigars) bekannt ist. CACSA hat ihre Hauptgeschäftsstelle in Danli in Honduras. Der Ort liegt im Jalapatal, das zwischen Nicaragua und Honduras verläuft. Die *Don Tomas* ist üppig und geschmacksreich. Die sieben Formate werden in Deutschland mit einem indonesischen Deckblatt ausgeliefert.

Hergestellt in Honduras
Einlage: Dominikanische Republik, Mexiko, Nicaragua
Umblatt: Dominikanische Republik, Mexiko
Deckblatt: Equador, Honduras, Indonesien, USA/Connecticut Shade

KURZBESCHREIBUNG

NAME DER ZIGARRE:

GRÖSSE:

GEKAUFT BEI:

PREIS:

DATUM:

PERSÖNLICHER KOMMENTAR:

Bitte beachten Sie die genaueren Angaben auf S. 173.

DUNHILL AGED CIGARS

Ursprünglich wurden *Dunhill*-Zigarren wie auch *Davidoff* in Kuba hergestellt, beide verließen Ende der 80er Jahre die Insel und wechselten in die Dominikanische Republik. Die dominikanischen *Dunhills* werden von Consolidated Cigar in La Romana produziert, woher ebenfalls die *Don Diego* und die *Fürst Bismarck* stammen. Zunächst verwendete *Dunhill* ausschließlich beste Tabake einer Jahresernte. Anfang 1998 stellte man dieses System aber um, weil die Qualität einer Jahresernte nicht den hohen Ansprüchen genügte. Bis auf wenige Ausnahmen verwenden alle Longfiller-Hersteller Tabake verschiedener Ernten. Die *Dunhill*-Zigarren sind mild und von mittelkräftigem Körper.

Hergestellt in der Dominikanischen Republik
Einlage: Brasilien, Dominikanische Republik
Umblatt: Dominikanische Republik
Deckblatt: USA/Connecticut Shade

KURZBESCHREIBUNG

NAME DER ZIGARRE:

GRÖSSE:

GEKAUFT BEI:

PREIS:

DATUM:

PERSÖNLICHER KOMMENTAR:

Bitte beachten Sie die genaueren Angaben auf S. 174.

EL REY DEL MUNDO (HONDURAS)

Die reichen, würzigen Zigarren stammen aus dem Hause Villazon & Co. in Honduras. Frank Llaneza ist Miteigentümer der Firma Villazon und gilt als einer der bedeutendsten Männer der Zigarrenindustrie. Die Spitzenzigarre der Serie *El Rey del Mundo*, die *Flor de Llaneza*, ist nach ihm benannt. Diese geschmackvolle Pyramide sollten Sie unbedingt einmal versuchen.

Hergestellt in Honduras
Einlage: Dominikanische Republik, Honduras, Nicaragua
Umblatt: Honduras
Deckblatt: Sumatra

KURZBESCHREIBUNG

NAME DER ZIGARRE:

GRÖSSE:

GEKAUFT BEI:

PREIS:

DATUM:

PERSÖNLICHER KOMMENTAR:

Bitte beachten Sie die genaueren Angaben auf S. 174.

FONSECA

Ursprünglich war *Fonseca* eine kubanische Marke, die für den spanischen Markt produziert wurde. Die Zigarren werden heute von Manuel (Manolo) Quesada von Hand gefertigt. Mit ihrer Einlage und dem Umblatt aus der Dominikanischen Republik und ihrem Deckblatt aus Connecticut Shade schmecken sie sahnig mild. Die sechs Formate, von der kleinen *2-2* mit einer Länge von 4½ Inches (114 mm) und einem Ringmaß von 40 bis hin zur *10-10* mit 7 Inches (178 mm) Länge und einem Ringmaß von 50, bieten für jede Tageszeit die passende Zigarre. Ausschließlich die kubanischen *Fonsecas* werden in Europa verkauft.

Hergestellt in der Dominikanischen Republik
Einlage: Dominikanische Republik
Umblatt: Dominikanische Republik, Mexiko
Deckblatt: USA Connecticut Broadleaf, USA
    Connecticut Shade

KURZBESCHREIBUNG

NAME DER ZIGARRE:

GRÖSSE:

GEKAUFT BEI:

PREIS:

DATUM:

PERSÖNLICHER KOMMENTAR:

Bitte beachten Sie die genaueren Angaben auf S. 175.

FUENTE FUENTE OPUS X

Als Carlos Fuente jun. die Samen pflanzte, aus denen die Deckblätter der *Fuente Fuente Opus X* wachsen sollten, wurde er von vielen Kollegen belächelt, denn bisher galt es als unmöglich, ein Shade-Deckblatt in der Dominikanischen Republik zu ziehen. Doch der Boden der Fuentes brachte vorzügliche dunkle, ölige Blätter hervor, die zum Gütesiegel dieser geschmackvollen Zigarre wurden. Nur einigen wenigen Zigarrenrollern wird in besonderen Räumen die Fertigung anvertraut. Die *Fuente Fuente Opus X* sind nur schwer zu finden und in Deutschland leider gar nicht erhältlich. Im Jahr 1996 wurden gerade einmal 700 000 Stück exportiert.

Hergestellt in der Dominikanischen Republik
Einlage/Umblatt/Deckblatt: Dominikanische
   Republik

KURZBESCHREIBUNG

NAME DER ZIGARRE:

GRÖSSE:

GEKAUFT BEI:

PREIS:

DATUM:

PERSÖNLICHER KOMMENTAR:

Bitte beachten Sie die genaueren Angaben auf S. 176.

H. UPMANN (KUBA)

Die Marke gibt es seit 1844, und sie gehört zu den ältesten Kubas. Die Zigarrenfabrik H. Upmann, die jetzt José Martí heißt, gilt unter Kennern als die Fabrik, die die besten Zigarren auf ganz Kuba produziert. Eine der herausragenden Zigarren der Upmann-Serie ist die *H. Upmann No. 2*, die ihrer äußeren Form nach mit der berühmten Pyramide *Montecristo No. 2* identisch ist. Aficionados sind von ihrer außergewöhnlichen Qualität begeistert. In der Fabrik H. Upmann in Havanna übersteigt die Produktion der *Montecristo No. 2* die der *H. Upmanns* um das Fünfzehnfache. Im Jahr 1995 wurden nur 60 000 *H. Upmanns No. 2* produziert.

Hergestellt in Kuba
Einlage/Umblatt/Deckblatt: Kuba

KURZBESCHREIBUNG

NAME DER ZIGARRE:

GRÖSSE:

GEKAUFT BEI:

PREIS:

DATUM:

PERSÖNLICHER KOMMENTAR:

Bitte beachten Sie die genaueren Angaben auf S. 176.

H. UPMANN
(DOMINIKANISCHE REPUBLIK)

Die Popularität der *H. Upmann* aus der Dominikanischen Republik hat in den letzten Jahren stark zugenommen. Sie ist das Flaggschiff der Firma Consolidated Cigar. Die traditionelle Serie *H. Upmann* bewegt sich auf mittlerem Preisniveau und umfaßt heute auch die *H. Upmann Chairman's Reserve*. Die Zigarren werden aus einer Tabakmischung hergestellt, die sich am Geschmack des Vorsitzenden der Consolidated Cigar, des Milliardärs Ronald O. Perelman, orientiert. Sie sind in Europa nicht erhältlich.

Hergestellt in der Dominikanischen Republik
Einlage: Brasilien, Dominikanische Republik
Umblatt: Dominikanische Republik
Deckblatt: Kamerun, Indonesien

KURZBESCHREIBUNG

NAME DER ZIGARRE:

GRÖSSE:

GEKAUFT BEI:

PREIS:

DATUM:

PERSÖNLICHER KOMMENTAR:

Bitte beachten Sie die genaueren Angaben auf S. 176.

Hoyo de Monterrey (Kuba)

Diese ehrwürdige kubanische Marke ist seit 1865 auf dem Markt. Viele Zigarren-liebhaber halten das Format der Doppelcorona der *Hoyo de Monterrey* für die beste Zigarre der Welt. Ihr Deckblatt ist rötlich, dunkel und öl-gesättigt. Die scheinbar endlosen Lagen ge-schmackreichen Tabaks machen sie zu einem Meisterstück, und es ist fast unmöglich, sie zu bekommen. Auch andere *Hoyos* sind hoch geschätzt. Dazu zählen die Serie der *Cabinet Selection*, die reicher ist als andere Zigarren die-ser Marke, die *Epicure No. 1*, eine große Coro-na Gorda, und die *Epicure No. 2*, eine klassische Robusto.

Hergestellt in Kuba
Einlage/Umblatt/Deckblatt: Kuba

Kurzbeschreibung

NAME DER ZIGARRE:

GRÖSSE:

GEKAUFT BEI:

PREIS:

DATUM:

PERSÖNLICHER KOMMENTAR:

Bitte beachten Sie die genaueren Angaben auf S. 177.

Hoyo de Monterrey

und

Hoyo de Monterrey Excalibur (Honduras)

Die nichtkubanische Version der *Hoyo de Monterrey* entstand 1965 in einer Zigarrenfabrik in Tampa (Florida). Als dort die Arbeiterschaft überaltert war, verlagerten die Eigentümer, Dan Blumenthal und Frank Llaneza, die Fertigung nach Honduras. Die Zigarren sind in großer Vielfalt zu gemäßigten Preisen erhältlich, einschließlich der seltenen *Culebras*. Für die Hauptserie, in Deutschland einfach als *Excalibur* im Handel, werden Connecticut-Shade-Deckblätter höchster Qualität verwendet.

Hergestellt in Honduras
Einlage: Dominikanische Republik, Honduras, Nicaragua
Umblatt: Honduras, Nicaragua
Deckblatt: Ecuador, Sumatra, USA/Connecticut Broadleaf, USA/Connecticut Shade

Kurzbeschreibung

Name der Zigarre:

Grösse:

Gekauft bei:

Preis:

Datum:

Persönlicher Kommentar:

Bitte beachten Sie die genaueren Angaben auf S. 178.

JOYA DE NICARAGUA

Zigarren aus Nicaragua zählten in den 70er und 80er Jahren weltweit zu den besten Zigarren. Sogar auf Kuba sollen Deckblätter aus Nicaragua verwendet worden sein. Aber dann zerstörte der Bürgerkrieg die nicaraguanische Zigarrenindustrie. Der Export der führenden Marke Nicaraguas, der *Joya de Nicaragua*, der einst bei knapp drei Millionen Stück pro Jahr gelegen hatte, ist inzwischen wieder auf 1,4 Millionen angestiegen. Die Qualität der Zigarren verbessert sich deutlich, was vermuten läßt, daß sie ihren ehemaligen Standard wieder erreichen könnten.

Hergestellt in Nicaragua
Einlage/Umblatt: Nicaragua
Deckblatt: Costa Rica, Ecuador, Nicaragua

KURZBESCHREIBUNG

NAME DER ZIGARRE:

GRÖSSE:

GEKAUFT BEI:

PREIS:

DATUM:

PERSÖNLICHER KOMMENTAR:

Bitte beachten Sie die genaueren Angaben auf S. 179.

La Aurora

Als Eduardo Léon Jimenes 1903 eine Zigarrenfabrik im Cibao-Tal in der Dominikanischen Republik gründete, ahnte niemand, daß sich daraus das riesige Unternehmen Empresas Léon Jimenes entwickeln würde. Im Jahr 1937 siedelte die Firma nach Santiago um und kontrolliert heute fast den gesamten dominikanischen Bier- und Zigarettenmarkt sowie 50 % des heimischen Zigarrenmarktes. *La Aurora*, die wichtigste Zigarrenmarke, besteht aus dominikanischen Tabaken und einem Deckblatt aus Kamerun. Die Empresas Léon Jimenes stellen auch *Léon-Jimenes*-Zigarren mit Connecticut-Shade-Deckblättern her. Die Zigarrenproduktion untersteht heute Guillermo Léon, dem Enkel des Firmengründers.

Hergestellt in der Dominikanischen Republik
Einlage: Dominikanische Republik
Umblatt: Dominikanische Republik, Sumatra
Deckblatt: Kamerun

Kurzbeschreibung

Name der Zigarre:

Grösse:

Gekauft bei:

Preis:

Datum:

Persönlicher Kommentar:

Bitte beachten Sie die genaueren Angaben auf S. 180.

LA GLORIA CUBANA

Vor 1992 war der Name *La Gloria Cubana* selbst unter Zigarrenrauchern kaum bekannt. Der Zigarrenmacher Ernesto Perez-Carrillo aus Miami produzierte jährlich mehrere hunderttausend Zigarren und verkaufte sie dort für ungefähr einen Dollar pro Stück. Heute ist die Nachfrage nach Carillos mächtigen, kräftigen Zigarren, die mit einer Tabakmischung aus verschiedenen Ländern und mit öligen Ecuador-Deckblättern gefertigt werden, groß. Kürzlich hat Perez-Carillo eine weitere Produktionsstätte in der Dominikanischen Republik eingerichtet, doch die „richtige" *La Gloria Cubana* wird nach wie vor in Havanna hergestellt.

Hergestellt in der Dominikanischen Republik und
    Florida
Einlage: Brasilien, Dominikanische Republik,
    Mexiko, Nicaragua
Umblatt: Dominikanische Republik, Mexiko,
    Nicaragua
Deckblatt: Ecuador

KURZBESCHREIBUNG

NAME DER ZIGARRE:

GRÖSSE:

GEKAUFT BEI:

PREIS:

DATUM:

PERSÖNLICHER KOMMENTAR:

Bitte beachten Sie die genaueren Angaben auf S. 181.

LICENCIADOS

Im Jahr 1987 schlossen sich der Groß- und Einzelhändler Oscar Boruchin von Mike's Cigars aus Miami und der Zigarrenhersteller Manuel Quesada von der Manufactura de Tabacos S. A. zusammen, um die Marke *Licenciados* zu entwickeln. Sie kombinierten dafür dominikanischen Einlagetabak mit einem honduranischen Umblatt in einem Connecticut-Shade-Deckblatt und erhielten auf diese Weise eine Zigarre mit mittelkräftigem Körper und mildem Geschmack. Der Verkauf der *Licenciados* erreicht heute fast eine Million Zigarren jährlich. Die Zigarre ist in Deutschland nicht erhältlich.

Hergestellt in der Dominikanischen Republik
Einlage: Dominikanische Republik
Umblatt: Dominikanische Republik, Honduras
Deckblatt: USA/Connecticut Broadleaf,
**   USA/Connecticut Shade**

KURZBESCHREIBUNG

NAME DER ZIGARRE:

GRÖSSE:

GEKAUFT BEI:

PREIS:

DATUM:

PERSÖNLICHER KOMMENTAR:

Bitte beachten Sie die genaueren Angaben auf S. 182.

MACANUDO

Diese Zigarre ist berühmt für ihre Milde, ihre Konsistenz und ihr mittelkräftiges Aroma. Sie ist daher ideal für Anfänger. Die *Macanudo* wird sowohl in Jamaika als auch in der Dominikanischen Republik mit identischen Tabakmischungen hergestellt. Die Deckblätter stammen von firmeneigenen Plantagen in Connecticut und durchlaufen zwei Reifungsprozesse, die ihre Milde gewährleisten. Die Serie *Macanudo Vintage*, die nur nach besonders guten Ernten gefertigt wird, ist reich im Geschmack und gehört zu den hochpreisigen Sorten. Seit 1999 gibt es die vollmundige *Macanudo Robust* in Deutschland.

Hergestellt in der Dominikanischen Republik und
  auf Jamaika
Einlage: Dominikanische Republik, Mexiko/
  San Andrés
Umblatt: Mexiko/San Andrés
Deckblatt: USA/Connecticut Shade

KURZBESCHREIBUNG

NAME DER ZIGARRE:

GRÖSSE:

GEKAUFT BEI:

PREIS:

DATUM:

PERSÖNLICHER KOMMENTAR:

Bitte beachten Sie die genaueren Angaben auf S. 183.

MONTECRISTO
(KUBA)

Die *Montecristo* ist zweifellos Kubas meist-verkaufte Zigarrenmarke. Die Hälfte des jährlichen kubanischen Zigarrenexports ent-fällt allein auf die *Montecristo No. 4*. Diese klei-nen Coronas werden in allen internationalen Zigarrengeschäften verkauft. Unter den großen Zigarren findet sich kaum eine, die das äußerst eindrucksvolle Raucherlebnis der *Montecristo A* mit ihren 9 ½ Inches (241 mm) Länge und dem Ringmaß von 47 überträfe. Die *Montecristo No. 2* ist die Pyramide, an der alle anderen Pyramiden gemessen werden, und es gibt kei-ne ihr ebenbürtige Zigarre. Ihre Einlage be-steht aus Tabaken mit reichen, leicht nach Leder schmeckenden Aromen.

Hergestellt in Kuba
Einlage/Umblatt/Deckblatt: Kuba

KURZBESCHREIBUNG

NAME DER ZIGARRE:

GRÖSSE:

GEKAUFT BEI:

PREIS:

DATUM:

PERSÖNLICHER KOMMENTAR:

Bitte beachten Sie die genaueren Angaben auf S. 184.

MONTECRISTO
(DOMINIKANISCHE REPUBLIK)

Anders als ihre kubanische Schwester wird die dominikanische *Montecristo* nur in kleinen Mengen hergestellt. Obwohl die Produktion 1996 verdoppelt wurde, erreicht sie lediglich eine Stückzahl von einer Million. Die *Montecristo* dürfte damit nur eine der kleineren nationalen Marken sein; gleichwohl ist sie aber außerordentlich gefragt. Es handelt sich um sorgfältig gefertigte Zigarren mit mittlerem Körper. Von einigen Ausnahmen abgesehen, ähneln die Namen und Formate denen der kubanischen *Montecristo*-Serie. Die *No. 2* beispielsweise ist etwas anders geformt als die kubanische *Montecristo No. 2,* und die dominikanische Serie umfaßt eine Robusto und eine Churchill, die in der kubanischen Serie nicht enthalten sind.

Hergestellt in der Dominikanischen Republik
Einlage/Umblatt: Dominikanische Republik
Deckblatt: USA/Connecticut Shade

KURZBESCHREIBUNG

NAME DER ZIGARRE:

GRÖSSE:

GEKAUFT BEI:

PREIS:

DATUM:

PERSÖNLICHER KOMMENTAR:

Bitte beachten Sie die genaueren Angaben auf S. 184.

PADRÓN

S eit dem späten 19. Jahrhundert ist die Familie Padrón im Tabakgeschäft tätig. Im Jahr 1964 begann José O. Padrón, der in Kuba auf der Plantage einer Familie von Tabakzüchtern geboren wurde, im Miami Zigarren aus nicaraguanischem Tabak zu fertigen. 1970 verlagerte Padrón die Firma nach Nicaragua und baute 1978 eine weitere Produktionsstätte in Honduras auf. Seinen 30jährigen Geburtstag feierte das Unternehmen mit einer neuen Serie außergewöhnlicher, besonders gereifter und quadratisch geformter Zigarren mit dem Namen *Padrón 1964 Anniversary.*

Hergestellt in Honduras und Nicaragua
Einlage/Umblatt/Deckblatt: Nicaragua

KURZBESCHREIBUNG

NAME DER ZIGARRE:

GRÖSSE:

GEKAUFT BEI:

PREIS:

DATUM:

PERSÖNLICHER KOMMENTAR:

Bitte beachten Sie die genaueren Angaben auf S. 186.

PARTAGÁS (KUBA)

Im Jahr 1995 wurde die *Partagás* 150 Jahre alt und gehört damit zu den ältesten Zigarren-marken überhaupt. Sie ist für ihr volles Aroma bekannt und zählt zu Kubas populärsten Zigarren. Die *Partagás*-Fabrik in Havannas Altstadt behauptet von sich, die bekannteste Produktionsstätte für Zigarren auf Kuba zu sein. Nach der kubanischen Revolution wurde sie in Francisco Perez German umbenannt. Im übrigen ist sie die einzige kubanische Zigarrenfabrik, die für die Öffentlichkeit zugänglich ist. Anläßlich des 150. Geburtstags stellte die Firma Habanos S. A. 150 numerierte Humidore her, von denen jeder 150 *Partagás*-Zigarren enthielt: 50 Robustos aus der *Serie D No. 4*, 50 Zigarren des Formats *8-9-8* und 50 besonders spitz zulaufende *Lusitanias*, die seltene und hochgeschätzte Doppelcorona von *Partagás*.

Hergestellt in Kuba
Einlage/Umblatt/Deckblatt: Kuba

KURZBESCHREIBUNG

NAME DER ZIGARRE:

GRÖSSE:

GEKAUFT BEI:

PREIS:

DATUM:

PERSÖNLICHER KOMMENTAR:

Bitte beachten Sie die genaueren Angaben auf S. 186.

71

PARTAGÁS
(DOMINIKANISCHE REPUBLIK)

Das Unternehmen General Cigar hatte die Produktion der Marke aufgenommen, nachdem es die Rechte daran von Ramon Cifuentes erworben hatte. Dieser hatte in Kuba *Partagás* hergestellt, floh aber nach der Revolution außer Landes. Die *Partagás No. 10*, eine Doppelcorona mit einem reichen dunklen Deckblatt, gehört zu den klassischen Zigarren. Als die Marke 150 Jahre alt wurde, schuf General Cigar die Serie *150 Signature*, die ein 18 Jahre altes Kamerun-Deckblatt verwendete, um an das historische Ereignis zu erinnern.

Hergestellt in der Dominikanischen Republik
Einlage: Dominikanische Republik, Mexiko/
  San Andrés
Umblatt: Mexiko/San Andrés
Deckblatt: Kamerun

KURZBESCHREIBUNG

NAME DER ZIGARRE: _____

GRÖSSE: _____

GEKAUFT BEI: _____

PREIS: _____

DATUM: _____

PERSÖNLICHER KOMMENTAR: _____

_____

_____

Bitte beachten Sie die genaueren Angaben auf S. 187.

PUNCH (KUBA)

Im Jahr 1840 stellte Don Manuel Lopez die *Punch* das erste Mal für den britischen Exportmarkt her. Sie ist dafür bekannt, daß sie trotz der großen Breite ihrer Aromen nicht penetrant schmeckt, sondern eine vorzügliche Qualität aufweist. Die Serie enthält verschiedene außerordentlich lange Zigarren wie zum Beispiel die *Punch Double Corona* oder die *Punch Churchill*. Beide garantieren erstklassigen Rauchgenuß. Die *Punch Corona Gorda* ist die klassische Zigarre dieses Formats.

Hergestellt in Kuba
Einlage/Umblatt/Deckblatt: Kuba

KURZBESCHREIBUNG

NAME DER ZIGARRE:

GRÖSSE:

GEKAUFT BEI:

PREIS:

DATUM:

PERSÖNLICHER KOMMENTAR:

Bitte beachten Sie die genaueren Angaben auf S. 189.

PUNCH (HONDURAS)

Die Produktionsstätte dieser Marke befand sich ursprünglich in Tampa (Florida). Im Jahr 1969 wurde sie nach Honduras verlagert (wie bei der *Hoyo de Monterrey*). Die *Punch* gehört zu den ersten Marken, die dort hergestellt wurden. Heute ist Honduras eines der bedeutendsten Zentren der Zigarrenproduktion. Nach Deutschland liefert Honduras insbesondere die neuen Marken *Flor de Selva* und *Charles Fairmorn*. Die *Punch* aus Honduras gibt es aus namensrechtlichen Gründen nicht in Europa.

Hergestellt in Honduras
Einlage: Dominikanische Republik, Honduras, Nicaragua
Umblatt: Ecuador, Honduras
Deckblatt: Ecuador, Honduras, USA/Connecticut Broadleaf, USA/Connecticut Shade

KURZBESCHREIBUNG

NAME DER ZIGARRE:

GRÖSSE:

GEKAUFT BEI:

PREIS:

DATUM:

PERSÖNLICHER KOMMENTAR:

Bitte beachten Sie die genaueren Angaben auf S. 189.

RAMÓN ALLONES
(KUBA)

Zwar ist *Ramón Allones* eine der kleinsten Exportmarken Kubas, aber allen Kuba-Zigarren bevorzugenden Aficionados, die die Geschmacksintensität und den vollen Körper der Marke schätzen, ist sie gut bekannt. Mit Gründungsdatum 1837 ist sie eine der ältesten kubanischen Marken. Zwei Formate dieser Serie gehören zu den besten ihrer Klasse überhaupt: Die Doppelcorona *Gigante* garantiert – wenn sie aufzutreiben ist – ein exquisites Raucherlebnis. Trotz ihrer außerordentlichen Geschmacksfülle ist sie eine raffinierte Zigarre. Die *Specially Selected* gehört als Robusto zu den klassischen Zigarren. Diese Robusto ist neben der *Mille Fleurs* (Mareva-Format und maschinell gefertigt) und der 8-9-8 (*Corona Grande*) in Deutschland erhältlich. Ramón Allones gilt als Erfinder der 8-9-9 Zigarrenkiste.

Hergestellt in Kuba
Einlage/Umblatt/Deckblatt: Kuba

KURZBESCHREIBUNG

NAME DER ZIGARRE:

GRÖSSE:

GEKAUFT BEI:

PREIS:

DATUM:

PERSÖNLICHER KOMMENTAR:

Bitte beachten Sie die genaueren Angaben auf S. 190.

ROMEO Y JULIETA
(KUBA)

Die *Romeo y Julieta* zählt zu Kubas begehrtesten Zigarrensorten. Eines der besten Formate dieser Serie ist die *Churchill*. Die Firma Romeo y Julieta hat sie zu Ehren von Sir Winston Churchill, einem der größten Zigarrenraucher der Geschichte, so genannt. Sie ist mit einer Länge von 7 Inches (178 mm) und dem Ringmaß 47 unglaublich geschmackvoll und von herausragender Qualität. Es ist diese *Churchill*, an der alle anderen Zigarren desselben Formats gemessen werden. Zigarren, die eine Zahl in ihrem Namen tragen, sind stets maschinell hergestellt, es sei denn, sie werden als »de Luxe« bezeichnet. *Romeo No. 1* ist also maschinell produziert, *Romeo No. 1 de Luxe* hingegen handgemacht.

Hergestellt in Kuba
Einlage/Umblatt/Deckblatt: Kuba

KURZBESCHREIBUNG

NAME DER ZIGARRE: _____

GRÖSSE: _____

GEKAUFT BEI: _____

PREIS: _____

DATUM: _____

PERSÖNLICHER KOMMENTAR: _____

_____

_____

Bitte beachten Sie die genaueren Angaben auf S. 191.

ROMEO Y JULIETA
(DOMINIKANISCHE REPUBLIK)

D iese *Romeo y Julieta* werden in der Dominikanischen Republik von der Manufactura de Tabacos S. A. de C. V. (MATASA) unter der Regie von Manuel Quesada gefertigt. Es handelt sich um äußerst seltene Zigarren, die sich durch ihren milden, sahnigen Geschmack und ihre exzellente Struktur auszeichnen. Jedes Jahr werden nur etwa 700 000 dieser mittelkräftig schmeckenden Zigarren hergestellt, Aufträge liegen aber für fünf Millionen vor.

Hergestellt in der Dominikanischen Republik
Einlage: Brasilien, Dominikanische Republik
Umblatt: Mexiko, USA/Connecticut Broadleaf
Deckblatt: Kamerun, Indonesien, USA/Connecticut
  Shade

KURZBESCHREIBUNG

NAME DER ZIGARRE:

GRÖSSE:

GEKAUFT BEI:

PREIS:

DATUM:

PERSÖNLICHER KOMMENTAR:

Bitte beachten Sie die genaueren Angaben auf S. 191.

ROYAL JAMAICA

Die *Royal Jamaicas* wurden ursprünglich auf Jamaika hergestellt, bis der Hurrikan Gilbert 1988 das Dach der Fabrik zerstörte. Die Produktion fand daraufhin bis Ende 1996 in der Dominikanischen Republik statt. Handgemachte Zigarren gewinnen ihre Geschmacksvielfalt gewöhnlich durch das Mischen unterschiedlicher Tabake. Das einzigartige Aroma der *Royal Jamaicas* dagegen geht auf ein Gebräu aus Jamaikarum und destillierten jamaikanischen Kräutern, Bethun genannt, zurück, das während der Behandlung auf die Einlagetabake gesprüht wird.

Hergestellt in Jamaika
Einlage: Dominikanische Republik, Indonesien,
　Jamaika
Umblatt: Kamerun, Indonesien
Deckblatt: Kamerun, Indonesien, Mexiko, Brasilien

KURZBESCHREIBUNG

NAME DER ZIGARRE:

GRÖSSE:

GEKAUFT BEI:

PREIS:

DATUM:

PERSÖNLICHER KOMMENTAR:

Bitte beachten Sie die genaueren Angaben auf S. 191.

SIGNATURE COLLECTION BY SANTIAGO CABANA

Aus einer Laune heraus eröffnete der Zigarrenliebhaber Kevin Doyle 1994 auf den Key-Inseln in Südflorida ein kleines Zigarrengeschäft und engagierte den kubanischen Zigarrenroller Santiago Cabana. Die Firma wuchs schnell, 1996 wandelte Doyle sie in eine Aktiengesellschaft um – damals die erste Aktiengesellschaft, die ausschließlich im Zigarrengeschäft tätig ist. Ihre *Signature Collection by Santiago Cabana*-Serie ist von mittlerem Körper. Die Zigarren werden in luftdicht verschlossenen Glas-Tuben (!) ausgeliefert, was eine tadellos konditionierte Zigarre auf Monate hinweg ohne Humidor garantiert.

Hergestellt in Florida
Einlage: Dominikanische Republik, Honduras,
   Nicaragua
Umblatt/Deckblatt: Ecuador

KURZBESCHREIBUNG

NAME DER ZIGARRE:

GRÖSSE:

GEKAUFT BEI:

PREIS:

DATUM:

PERSÖNLICHER KOMMENTAR:

Bitte beachten Sie die genaueren Angaben auf S. 193.

TE-AMO

Die *Te-Amo* ist bekannt für ihren erdigen Geschmack und ihren äußerst günstigen Preis. Sie ist eine der Spitzenmarken überhaupt. Im Jahr 1996 verkaufte Consolidated Cigar ungefähr neun Millionen *Te-Amos*. Es handelt sich um mexikanische Puros, die rein aus mexikanischem Tabak bestehen, einen unverwechselbaren Geschmack haben und ziemlich rustikal aussehen. Sie werden in fast allen denkbaren Formaten hergestellt, darunter finden sich auch einige Figurados von großer Geschmacksfülle. Die neue *Double Perfecto* ist besonders gut gelungen.

Hergestellt in Mexiko
Einlage/Umblatt/Deckblatt: Mexiko

KURZBESCHREIBUNG

NAME DER ZIGARRE:

GRÖSSE:

GEKAUFT BEI:

PREIS:

DATUM:

PERSÖNLICHER KOMMENTAR:

Bitte beachten Sie die genaueren Angaben auf S. 193.

ZINO

Die *Zino*-Zigarre ist nach Zino Davidoff, dem »elder statesman« der Zigarrenwelt benannt. Die *Zino* wird in Honduras aus honduranischem Tabak und Umblatt sowie einem ecuadorianischen Deckblatt gefertigt. Es handelt sich um eine Zigarre mit mittlerem Körper. Im Jahr 1983 entstand in Zusammenarbeit mit Baron Phillipe de Rothschild die *Mouton-Cadet*-Serie mit einem Connecticut-Shade-Deckblatt.

Hergestellt in Honduras
Einlage/Umblatt: Honduras
Deckblatt: Ecuador, Honduras, USA/
   Connecticut Shade

KURZBESCHREIBUNG

NAME DER ZIGARRE:

GRÖSSE:

GEKAUFT BEI:

PREIS:

DATUM:

PERSÖNLICHER KOMMENTAR:

Bitte beachten Sie die genaueren Angaben auf S. 196.

KAPITEL 4

DIE VORBEREITUNG:
DAS ANSCHNEIDEN UND
ANZÜNDEN DER ZIGARRE

Insiderwissen

Die Vorbereitungen zum Anzünden einer Zigarre können an sich schon ein wunderbares Erlebnis sein. Das Anzünden einer Zigarre ist etwas völlig anderes als das einer Zigarette. Man kann eine Zigarre nicht einfach so anzünden, schon allein deshalb, weil fast jede Premiumzigarre einen geschlossenen Kopf hat, den man anschneiden muß, bevor man sie rauchen kann. Sie sollten daher besser kein normales Streichholz zum Anzünden verwenden. Es gibt verschiedene Methoden, eine Zigarre anzuschneiden, aber es gibt nur eine richtige Methode, sie anzuzünden.

Das Anschneiden der Zigarre

In einigen alten Spielfilmen können Sie sehen, daß es zahlreiche Möglichkeiten gibt, das geschlossene Ende einer Zigarre zu öffnen. Einige Darsteller nehmen ein Taschenmesser, um eine ordentliche V-förmige Kerbe hineinzuschneiden, andere benutzen Hufnägel als Bohrer, wieder andere, die harten Kerle, beißen sogar das Ende ab und spucken es wieder aus. Manchmal wird das auch heute noch so gehandhabt, aber insgesamt gesehen ist das Anschneiden einer Zigarre etwas eleganter geworden.

Je besser die Zigarre ist, desto mehr Aufmerksamkeit sollten Sie dem Anschneiden schenken, denn ein schlechter Schnitt kann die Zigarre ruinieren.

Es gilt, eine weite und glatte Öffnung zum Rauchen zu schaffen, ohne die Struktur der Zigarre zu beschädigen. Dazu muß meistens ein Teil der Kappe weggeschnitten werden. Von diesem Blatt, das den Einlagetabak zusammenhält, sollte ein Teil stehenbleiben. Wenn Sie einen keilförmigen Einschnitt machen oder einen Zigarrenbohrer benutzen, müssen Sie aufpassen, nicht zu tief in die Zigarre einzudringen. Sie sollten eine freie Oberfläche von sauber angeschnittenen Einlageblättern bekommen, die einen gleichmäßigen Zug vom Inneren und vom Rand der Zigarre ermöglichen. Der Schnitt sollte etwa 2 Millimeter vor dem Ende angebracht werden. Orientieren Sie sich einfach an dem Punkt, wo die Zigarre nach dem Kopf wieder gerade wird – und machen Sie dort Ihren Schnitt.

Sie können die Zigarre auch am Kopf V-förmig anschneiden. So wird eine große Oberfläche frei, die den Zug erleichtert. Manchmal zieht sie dann zu gut und wird deshalb zu heiß. Keilförmige Einschnitte sind besonders ungeeignet für Leute, die ihre Zigarre gerne kauen, weil der Anschnitt nicht mehr standhalten kann, solange der Keil horizontal ist. Das Kauen zerstört möglicherweise den Aufbau der Zigarre und macht damit den Zug unmöglich.

Anschneidegeräte

Es gibt eine Reihe von Geräten, die Ihnen helfen, Ihre Zigarre ohne Beschädigung des Deckblatts anzuschneiden. Die Bandbreite reicht vom kompakten, hauchdünnen Zigarrenanschneider, der gut in die Tasche paßt, bis hin zu kaum transportablen Geräten. Wenn Sie Ihre Initialen auf Ihrem Anschneidegerät eingravieren lassen, können Sie sicher sein, daß es immer wieder zu Ihnen zurückfindet, wenn Sie es verliehen haben.

Selbstverständlich haben Sie immer schon einen natürlichen Zigarrenanschneider bei sich: Ihre Zähne. Aber beim Abbeißen können Sie schlecht sehen, was Sie tun. Außerdem sind Ihre Zähne nicht so effektiv wie die rasiermesserscharfe Klinge eines Cutters. Zudem haben Sie anschließend einen häßlichen Pfropfen Tabak im Mund.

Eine Zigarre mit einem scharfen Messer sauber anzuschneiden, verlangt große Geschicklichkeit und eine sehr ruhige Hand. In jedem Fall sollten Sie vermeiden, Ihr Taschenmesser mit Öl zu säubern, denn das würde Ihre Zigarre verunreinigen.

Bohrer, manchmal auch »Lanzen« genannt, sind interessant, aber ebenfalls schwierig in der Handhabung. Wenn Sie zu tief in die Zigarre bohren, kann sich ein Tunnel bilden, was dazu führt, daß die Mitte der Zigarre zu heiß brennt. Außerdem hat die Schnittfläche eines Bohrers zwei Nachteile: Möglicherweise wird der Zug unregelmäßiger und damit die beabsichtigte Wirkung, nämlich verschiedene Blätter so zu bündeln, daß ein einheitlicher Geschmack entsteht, eingeschränkt. Teer und Nikotin werden sich zudem an den schmalen Öffnungen des gebohrten Loches stärker konzentrieren und in größeren Mengen in Mund und Luftwege gelangen.

Taschenschneider mit Einfach- und Doppelklingen, Scheren und Tischgeräte machen einen Schnitt durch den Kopf der Zigarre. Sie sind in jedem Fall empfehlenswert. Wenn Sie einen Zigarrenanschneider mit einer Einfachklinge verwenden, sollte die Zigarre von der Klinge abgewandt gehalten werden, und die Klinge sollte die Zigarre bereits berühren, bevor Sie schneiden. Das hält die Zigarre in der richtigen Lage, und der Schnitt reißt sie nicht durch ungewollte Bewegungen ein. Sobald sich die Zigarre in der richtigen Position befindet, schneiden Sie sie kräftig und beherzt ein, falls nötig auch mit Druck. Ein echter Aficionado schneidet wie ein Chirurg: schnell und sicher.

Bei Zigarrenanschneidern mit Einfachklingen sollte man darauf achten, daß sich im Klingengehäuse keine Tabakkrümel ablagern. Das würde den Mechanismus beeinträchtigen und saubere Schnitte verhindern. Alle Zigarrenanschneider sollten immer so scharf wie möglich sein, wobei kleinere und kompliziertere Geräte oft schwierig zu schärfen sind.

Zigarrenanschneider mit Doppelklingen oder Taschen-Guillotinen schneiden von beiden Seiten gleichzeitig. Das Deckblatt wird dabei nicht so leicht verletzt, weil es nicht gegen eine stumpfe Fläche gepreßt wird. Auch hier sollte die Zigarre an die Klingen angelegt werden, bevor man sie herunterdrückt.

Mit einem Zigarrenanschneider sollte ein weiter, glatter Schnitt gelingen, der die Struktur der Zigarre nicht zerstört. Oben: Zigarrenanschneider von Dunhill

Mit speziellen Zigarrenscheren kann man außerordentlich sauber schneiden. Sie sind ein elegantes Accessoire, müssen aber mit einer gewissen Vorsicht gehandhabt werden. Daß die Zigarrenschere gut in der Hand liegt, ist für manche ebenso wichtig wie bei einem Golfschläger. Probieren Sie die Schere deshalb aus, bevor Sie sie kaufen. Wenn Sie die Zigarre in einer Hand halten, sollte der Schnitt mit der anderen Hand mühelos ausführbar sein. Testen Sie eine andere Schere, wenn die erste nicht bequem zu verwenden ist.

Es lohnt sich, auch größere Summen für einen guten Zigarrenanschneider auszugeben. Ein schlechter wird Ihnen gute Zigarren kaputtmachen, und mehrere ruinierte Zigarren wiegen schnell die Kosten eines hochwertigen Zigarrenanschneiders auf.

Das Anzünden der Zigarre

Eine Zigarre anzuzünden ist etwas ganz anderes, als eine Zigarette oder eine Kerze anzustecken – es dauert länger. Halten Sie die Zigarre über die Flamme oder in deren Nähe, sie darf das Feuer aber nicht berühren, damit sie sich nicht zu stark erhitzt. Drehen Sie die Zigarre so, daß das Brandende rundum gleichmäßig heiß wird. Gedulden Sie sich, bis sich um das Ende ein glühender Ring gebildet hat. Sobald die Zigarre angezündet ist, blasen Sie vorsichtig in die glühende Asche, bis Sie einen glatten runden Aschekegel vor sich haben.

Viele Aficionados blasen erst in die Zigarre, um schlecht schmeckende Aromen, wie sie durch den Schwefel eines Streichholzes oder die Gase eines Feuerzeuges entstehen können, zu vermeiden. Tun Sie dann den ersten richtigen Zug.

Erneut anzünden oder besser nicht?

Einige Puristen halten es für eine Schande, eine Zigarre erneut anzuzünden. Doch es gibt Situationen, in denen auch die beste Zigarre ausgeht, beispielsweise wenn Sie während einer inter-

Feuerzeuge mit großer Flamme brennen meist sehr gleichmäßig.

essanten Diskussion für einige Minuten vergessen, an Ihrer Zigarre zu ziehen. Im allgemeinen dauert es weniger lange, eine warme Zigarre wieder anzuzünden, als sich eine neue anzustecken.

Lassen Sie Ihre Zigarre aber nicht absichtlich ausgehen, um sie vielleicht am nächsten Tag weiterzurauchen, denn sie wird abgestanden und streng schmecken. Wenn Sie eine Zigarre mehrmals neu anzünden müssen, dann ist sie vielleicht schlecht gerollt. Premiumzigarren werden von Hand gearbeitet, wobei ihr natürliches Material seine unregelmäßige Struktur und seine Eigenart behält. Trotz aller Qualitätskontrollen kommen gelegentlich auch Zigarren, die den Standard nicht erfüllen, in den Handel. Haben Sie keine Bedenken, eine schlecht gerollte Zigarre bei Ihrem Tabakhändler zu reklamieren. Die meisten Händler ersetzen solche Exemplare.

Die Wahl der Flamme

Zünden Sie Ihre Zigarre nie mit einer Flamme an, die deren Charakter beeinträchtigen könnte. Natürlich ist es verführerisch, eine Kerze zu benutzen, aber das brennende Kerzenwachs kann der Zigarre einen unangenehmen Geschmack verleihen. Dasselbe gilt für Benzinfeuerzeuge. Manche Raucher mögen sogar den Schwefel nicht, den die meisten Streichholzköpfe enthalten.

Wenn es unbedingt Kerze oder Benzinfeuerzeug sein sollen, benutzen Sie derlei nur, um einen Span Zedernholz zu entflammen, an dem Sie dann wiederum Ihre Zigarre anzünden. Ziehen Sie Streichhölzer vor, suchen Sie nach extralangen, schwefelfreien Hölzern. Sollten Sie doch auf kurze Streichhölzer angewiesen sein, halten Sie immer eine ganze Schachtel davon bereit. Warten Sie, bis die Flamme den Schwefel verbrannt hat, bevor Sie das Hölzchen an die Zigarre halten. Nehmen Sie am besten zwei auf einmal, um eine breitere Flamme zu bekommen.

Zigarrenfeuerzeuge sind ideal für eine gleichmäßige Flamme. Sie verwenden geruchloses Gas und haben außerdem oft »schmeichelnde« Flammen oder sogar zwei Flammen nebeneinander. Die Höhe der Flamme läßt sich regulieren.

Zigarrenfeuerzeuge gibt es in unterschiedlichen Formen und aus den verschiedensten Materialien, so daß jeder etwas findet, das seinem persönlichen Geschmack entspricht. Die entscheidenden Kriterien sind aber natürlich Leistungsfähigkeit, Griffigkeit und bequeme Handhabung.

KAPITEL 5

ETIKETTE–TIPS

Der Schlüssel zu kultiviertem Rauchgenuß

Es ist grausame Ironie des Schicksals, daß diejenigen, die Premiumzigarren schätzen und sich um eine gewisse Kultiviertheit bemühen, oft als Flegel beschimpft werden. Als wahrer Aficionado sollte man dieser Kritik vorbeugen, indem man grundsätzlich Rücksicht auf andere Raucher und ebenso auf Nichtraucher nimmt. Aber natürlich sollten Sie sich gleichzeitig stets Ihres Rechtes bewußt sein, rauchen zu dürfen.

Unter Nichtrauchern

Zunächst sollten Sie Ihr Rauchvergnügen ausschließlich mit anderen Aficionados teilen, so daß niemand an Ihnen herumnörgeln kann. Versuchen Sie beispielsweise in Erfahrung zu bringen, in welchen Restaurants man Zigarrenrauchern wohlgesonnen ist. *Cigar Aficionado* veröffentlicht eine solche Liste in dem jährlich erscheinenden *Buying Guide*, weitere Informationen – auch für Restaurants in Europa – finden Sie auf der Website http://www.cigaraficionado.com.

In Aufzügen, Fluren oder anderen beengten Räumlichkeiten sollten Sie gar nicht rauchen. Wenn Sie im Freien rauchen und sich trotzdem jemand höflich bei Ihnen beschwert, ist es vielleicht einfacher, den Platz zu wechseln und nicht auf seinem Recht zu bestehen.

Gewissenhafte Raucher tun ihr Bestes, um Kritik zu vermeiden. Aus diesem Grund lüften sie zu Hause stets gründlich und achten peinlich genau darauf, alle Zigarrenstummel und die Asche wegzuräumen, statt sie liegenzulassen, bis sie einen

schalen Geruch entwickeln. Dasselbe gilt natürlich auch für
Weintrinker. Passionierte Weintrinker leeren jedes Glas (not-
falls in den Ausguß), bevor sie zu Bett gehen. Wahre Aficionados lassen aus diesem Grund auch ihre Kleidung häufig reini-
gen. Vielleicht verbreiten frische Zigarren in einem
Zigarrenetui, das Sie in der Tasche tragen, einen verlockenden
Duft, in keinem Fall aber geben sie jenen strengen Geruch ab,
der Sie in den Verdacht bringen könnte, ein Schornsteinfeger
oder ein Feuerwehrmann zu sein.

In Gesellschaft anderer Aficionados

Auch wenn Sie sicher sind, nur mit begeisterten Rauchern
zusammen zu sein, sollten Sie unbedingt bestimmte Regeln
einhalten.

Teilen: Niemand erwartet von Ihnen, daß Sie Ihre Zigarren mit allen anderen teilen. Wenn Sie in einem Geschäft,
einem Restaurant, einem Club oder an einem anderen Ort
sind, wo man Zigarren kaufen kann, ist es taktlos, »Freizigar-
ren« auszugeben.

Bauchbinde: Lösen Sie sie ab oder lassen Sie sie dran – es gibt hier keine Regel. Sie sollten aber bedenken, daß Bauchbinden den anderen etwas über Ihre Persönlichkeit mitteilen und oft Anlaß für engagierte Diskussionen sind.

Der Rauch: Blasen Sie den Rauch nicht in Richtung anderer Personen, auch nicht, wenn Sie unter Aficionados sind. Jemandem den Rauch ins Gesicht zu blasen, gilt als aggressiv.

Zigarrenanschneider und Feuerzeuge: Wenn Sie sich einen Zigarrenanschneider oder ein Feuerzeug geborgt haben, geben Sie es sofort zurück. Die Entschuldigung »Ich habe es leider vergessen« ist inakzeptabel.

Anschneiden: Schneiden Sie nie eine Zigarre für jemand anderen an, ohne gefragt zu haben. Was eine freundliche Geste sein soll, wird nicht von jedermann geschätzt, denn für viele Raucher ist das Anschneiden der Zigarre ein sehr persönliches Ritual. Es ohne Aufforderung für eine andere Person zu tun, stellt eine Art Verletzung der Intimsphäre dar. Viele Raucher schwören auf einen V-förmigen Schnitt, andere dagegen finden diese Methode abscheulich.

Anzünden: Helfen Sie nie jemandem beim Anzünden, ohne vorher zu fragen. Das Anzünden ist genau wie das Anschneiden eine sehr persönliche Angelegenheit. Es gibt Aficionados, die niemals eine Zigarre anzünden, ohne sie vorher über einem Streichholz oder Feuerzeug angewärmt zu haben, was einen guten Zug fördern soll. Andere wiederum meinen, daß dies ihren sorgfältig gelagerten Zigarren schaden könnte.

Frauen: Glauben Sie nicht, Frauen etwas über Zigarren beibringen zu müssen. Viele Frauen wissen sehr gut Bescheid, mindestens all jene, die aus Familien stammen, die seit Generationen im Zigarrengeschäft sind. Von ihnen können Sie sogar noch einiges lernen.

Humidore (vgl. nächstes Kapitel): Bedienen Sie sich niemals eigenmächtig aus einem Humidor. Es sind schon Freundschaften daran zerbrochen. Den Humidor auszuräubern ist wie Blumenpflücken in einem sorgfältig gepflegten Garten. Haben Sie fatalerweise gerade die Zigarre erwischt, die für das

Begräbnis des Geschäftspartners vorgesehen war? Oder haben Sie ausgerechnet nach der Zigarre gegriffen, der nun schon den ganzen Monat über die volle Aufmerksamkeit galt, um sie wieder rauchbar zu machen? Behandeln Sie Humidore mit demselben Respekt und Taktgefühl, die Sie einem persönlichen Tagebuch oder einem Bankschließfach entgegenbringen.

Nie mehr als eine: Unter Zigarrenrauchern bedeutet »Greifen Sie zu« immer: »Nehmen Sie sich eine.« Horten Sie also keine Zigarren in der Tasche – außer es lädt Sie jemand ausdrücklich dazu ein.

Erfahrungen sammeln: Wenn Sie eines der vielen Länder bereisen, in denen Zigarren hergestellt werden, sollten Sie auf jeden Fall heimische Produkte versuchen, auch wenn Sie schon eine Lieblingszigarre haben. Vielleicht entdecken Sie etwas ganz Besonderes. Sollte dies der Fall sein, erkundigen Sie sich, ob Sie diese Zigarren legal ausführen dürfen, um sie zu Hause mit Freunden zu rauchen.

Geburt: Feiern Sie die Geburt Ihres Kindes, indem Sie Zigarren verteilen. Einige Raucher legen Zigarren immer noch nur für den Fall zurück, daß ein Junge das Licht der Welt

erblickt. Ich wünsche Ihnen aber, daß Sie mit einem Mädchen genauso glücklich sind. Verteilen Sie als stolzer Vater Ihre Zigarren großzügig.

Jux: Explodierende Zigarren sind gefährlich. Verteilen Sie niemals solche Scherzartikel, und unterstützen Sie niemanden, der dies tut.

Feierliche Anlässe

Zigarren gehören zu den Belohnungen, die das Leben für uns bereithält. Bei folgenden Gelegenheiten sind sie angebracht:

- Geburt eines Kindes
- Hochzeit
- Geschäftsabschluß
- Pensionierung
- Ferien

- Geschäftsgründung
- Examen
- Beförderung
- Geburtstag
- sportliche Erfolge

Schwere Zeiten

Zigarren werden bei Festen im allgemeinen akzeptiert, doch auch in schwierigen Situationen können sie Trost spenden, beispielsweise wenn jemand einen schweren Verlust erlitten hat. In Augenblicken, in denen jedes Wort flach und unangemessen scheinen muß, kann eine Zigarre Ausdruck stiller Verbundenheit sein. Daher ist es durchaus passend, zu einem Gedenkgottesdienst auch Zigarren und nicht nur ein zweites Taschentuch mitzunehmen.

KAPITEL 6

DIE LAGERUNG VON ZIGARREN

Schützen Sie Ihre Sammlung

Gute Zigarren muß man in vielerlei Hinsicht behandeln wie Wein oder Orchideen, denn sie reagieren empfindlich auf ihre Umwelt. Ihre Qualität ist das Ergebnis eines sorgfältig kontrollierten Zusammenspiels zwischen Temperatur und Feuchtigkeit.

Zigarren sollten in einem Humidor bleiben, bis sie reif sind. Es ist auch möglich, die Zigarren etwa einen Tag lang in einer gut verschlossenen Plastiktüte mit einem kleinen feuchten Papierhandtuch auf eine Reise mitzunehmen. Wenn Sie aber ein echter Aficionado werden möchten, ist ein Humidor ein wesentlicher Teil Ihrer Ausstattung.

Ein Humidor ist ein einfacher, eleganter Behälter, in dem man Zigarren unter ähnlichen Bedingungen lagern kann, wie sie beim Tabakanbau, der Fermentierung und beim Rollen geherrscht haben. In geheizten oder klimatisierten Räumen trocknen sie in weniger als einer Stunde aus, in einem Humidor hingegen können Zigarren jahrelang aufbewahrt werden.

Begeisterte Aficionados besitzen oft mehrere Humidore: Einen großen für zu Hause und einen kleineren tragbaren, der die Vorräte für einen oder zwei Tage beherbergt. Manche Leute haben sogar Humidore für jeweils unterschiedliche Zigarrensorten, denn innerhalb eines Humidors können sich die Aromen verschiedener Zigarren vermischen oder »vermählen«, was zu feinen Verschiebungen im Geschmack führen kann.

Zigarren sollten niemals in Zellophan verpackt zum Reifen in dem Humidor gelegt werden; so können sie nicht atmen.

Humidor von Davidoff

In einem Humidor sind nur sehr geringe Luftbewegungen möglich, zudem ist er mit einem Gerät ausgerüstet, das die interne Luftfeuchtigkeit bei 70 bis 72 % und die Temperatur bei 20 bis 22 °C hält. Ohne diese Vorrichtung spricht man nicht von einem Humidor, sondern schlicht von einer Zigarrenkiste. Humidore gibt es in allen Größen: Reise-Humidore fassen nur wenige Zigarren, in raumgroßen Humidoren dagegen kann man Tausende von Zigarrenkisten lagern.

Bedenken Sie, daß ein Humidor kein völlig luftdichtes, feuchtes Behältnis ist, denn darin würden die Zigarren höchstwahrscheinlich schimmeln. Damit die Luft zwischen den Zigarren zirkulieren kann, sollten Sie sie nicht zu eng aneinanderdrücken. Zigarren bekommen allgemein, wenn sie sehr dicht in einer Kiste verpackt werden, ein leicht quadratisches Aussehen (box-pressed).

Ein Humidor braucht unbedingt eine Vorrichtung, um die Luftfeuchtigkeit aufrechtzuerhalten. Einige sind mit Hygrometern zur Feuchtigkeitsmessung ausgestattet. Analoge Anzeigesysteme sind oft elegant gestylt, aber leider etwas ungenau.

Digitale Hygrometer messen im allgemeinen mit einer Toleranz von etwa zwei Prozent sehr präzise.

Die wirkliche Leistungsfähigkeit eines Humidors zeigt sich aber erst in der Gesamtheit der Verhältnisse, unter denen die Zigarren lagern. Wenn sie etwas Öl absondern, sind die Bedingungen ideal. Wenn sie zu trocken aussehen, sollten Sie etwas Wasser nachfüllen. Wenn sie anfangen zu schimmeln, müssen Sie sie aussortieren, selbst wenn es schwerfällt. Auch bestimmte Käfer können den Inhalt eines Humidors zerstören, wenn die Temperatur längere Zeit über 24 °C liegt. Falls Ihr Humidor von diesen Insekten heimgesucht wird, frieren Sie die befallenen Zigarren 48 Stunden ein und legen Sie sie anschließend weitere 24 Stunden in den Kühlschrank. Weder Käfer und noch Larven werden diese Prozedur überleben.

Die Pflege eines Humidors

Zur Pflege Ihres Humidors müssen Sie nur den Deckel oder die Tür geschlossen halten und den Hygrostaten regelmäßig mit destilliertem Wasser befeuchten. Bei normalem Leitungswasser beeinträchtigt die Mineralienbildung an dem Hygrostaten seine Fähigkeit, Feuchtigkeit abzugeben oder aufzunehmen.

Humidor von Michel Perrenoud

Auch Ihr gesunder Menschenverstand kann Sie vor Schlimmem bewahren. Durch direkte Sonneneinstrahlung verzieht sich das Holz, und den Humidor auf einer Klimaanlage oder einem Heizkörper abzustellen schadet dem Hygrostaten. Auch die Hutablage im Auto ist kein Aufbewahrungsort für Humidore.

Die Auswahl eines Humidors

Informieren Sie sich gut, bevor Sie einen Humidor kaufen. Gute Humidore sind leider relativ teuer. Aber es hat keinen Sinn, sich für einen schlechten zu entscheiden, denn die tropische Feuchtigkeit und Temperatur muß dauerhaft aufrechterhalten werden.

Überlegen Sie einmal, wie Sie Ihren Wein lagern. Durch die richtige Lagerung erhalten Sie den Wert einer Investition. So sollte es auch bei Zigarren sein.

Zuerst müssen Sie entscheiden, welche Größe Ihr Humidor haben soll. Ein guter Tip: Kaufen Sie ihn etwas größer als zunächst geplant. Gleichzeitig sollten Sie nach weiterem Lagerraum für Ihre Vorräte Ausschau halten, vielleicht bei Ihrem Zigarrenhändler vor Ort, so daß Sie zu Hause oder am Arbeitsplatz nur Ihre Reserve aufbewahren müssen.

Wie bei jedem Autokauf sollten Sie die Konstruktions- und Leistungsdaten sowie die Verarbeitung des Humidors sorgfältig prüfen. Schenken Sie den Kanten und dem Deckel besondere Aufmerksamkeit und testen Sie, ob sie genau ineinander passen. Der Deckel sollte exakt abschließen, aber den Humidor nicht luftdicht »versiegeln«, sondern einen gewissen Luftaustausch im Inneren zulassen. Jede sichtbare Unebenheit bedeutet, daß zuviel Luft eindringt und zu viel Feuchtigkeit entweicht.

Viele Humidore sind mit einem schwereren Deckel ausgestattet, der einen guten Abschluß gewährleistet. Das ist nicht immer ganz unproblematisch. Ein Humidor sollte daher immer einen sicheren Stand haben, ganz gleich, ob er offen oder

Ein Humidor von Danny Marshall

geschlossen ist. Öffnet sich der Deckel zu weit, kann der Humidor durch sein eigenes Gewicht umkippen; öffnet sich der Deckel nicht weit genug, fällt er Ihnen vielleicht auf die Finger.

In Anbetracht des Wertes Ihrer Sammlung sind Schlösser keine schlechte Idee. Bedenken Sie den Schaden, den neugierige Finger oder gar gehässige Zerstörungswut anrichten können. Bewahren Sie einen Zweitschlüssel an einer sicheren Stelle auf. Nichts ist ärgerlicher, als an den mit handwerklicher Präzision gearbeiteten Ecken eines Humidors herumwerkeln zu müssen.

Das erste, was im Inneren dieser »Kisten« auffällt, sind die Hygrostate. Die meisten von ihnen sind einfach konstruiert, ähnlich wie ein Schwamm oder eine Flasche, die allmählich Feuchtigkeit abgeben (erinnern Sie sich an die altmodischen »Hygrostate«, die Apfelschnitze!). Um die gewünschte Luftfeuchtigkeit beizubehalten, müssen Sie die Hygrostate regelmäßig mit der notwendigen Menge Wasser auffüllen.

Ein Humidor von Dunhill

Wählen Sie einen Humidor, der mit Zedernholz ausgeklei-
det ist. Dieses Holz nimmt Feuchtigkeit auf und gibt sie in
einer Weise wieder ab, die den Reifungsprozeß der verschiedenen Tabaksorten, die in einer guten Zigarre verarbeitet sind,
fördern. Wenn Sie selbst einen Humidor bauen, sollten Sie spa-
nisches Zedernholz verwenden. Das sehr aromatische amerikanische Zedernholz würde dem Aroma Ihrer Zigarren den Gar-
aus machen. Manche Hersteller verwenden heute Mahagoni-
oder Madroñoholz, das aus dem amerikanischen Westen
stammt. Diese Verwandten der amerikanischen Zeder duften
weniger stark und harzen nicht.

Einsätze im Humidor erleichtern die Ordnung und damit
auch gelegentliche Umgruppierungen. Bedenken Sie, daß das
Innere eines Humidors nicht überall den gleichen Feuchtigkeitsgrad aufweist – trotz des Schachtes oder der Schlitze, die
für die Luftzirkulation sorgen. Sie sollten die trockensten
Zigarren möglichst weit vom Hygrostaten entfernt lagern,
damit sie die gewünschte Feuchtigkeit langsam und gleichmäßig aufnehmen.

Bei größeren Humidoren können Griffe zum Herumrei-
chen und Anbieten der Zigarren nützlich sein. Eine Filzschicht

am Boden schützt Ihre Möbel, aber natürlich auch den Humidor selbst.

Bei manchen Humidoren sind Magnete zur Aufbewahrung des Zigarrenanschneiders in den Deckel eingearbeitet. Das hat den Vorteil, daß Sie Ihren teuren Zigarrenanschneider nicht verlegen, allerdings sollte der Humidor nicht zu oft geöffnet werden oder gar längere Zeit offenstehen. Bevor Sie sich von einem Deckel mit angebrachten Magneten faszinieren lassen, sollten Sie den Wert Ihres Zigarrenanscheiders berücksichtigen. Wenn Sie eine Zigarrenschere oder eine teure Guillotine benutzen, ist es vielleicht besser, diese mit einer eleganten Kette an Ihrem Humidor zu befestigen.

Einen solide gebauten, schönen Humidor zu finden ist weniger schwierig, als Sie vielleicht vermuten. Die angesehenen Hersteller von Humidoren sind fanatische Anhänger von Qualitätskontrollen und Präzisionsarbeit. Außerdem wird ein zuverlässiger Händler jeden Humidor ablehnen, der auch nur die kleinsten funktionalen Mängel aufweist.

Humidore und Accessoires von Savinelli

Wenn Sie nun Ihre Entscheidung hinsichtlich der Grundausrüstung und der Accessoires eines Humidors getroffen haben, lassen Sie sich von seinem vollendeten Design betören. Genießen Sie die tanzenden Lichtreflexe auf der Lackpolitur oder studieren Sie das knifflige Intarsienbild. Sie entscheiden sich gerade für ein Kunstwerk, das über viele Jahre hinaus ein wichtiger Bestandteil Ihres Haushaltes oder Ihres Büros sein wird.

Ausgetrocknete Zigarren

Wenn Ihnen einmal eine Zigarre austrocknet, müssen Sie diese Investition meistens als Lehrgeld abschreiben. Manchmal ist es möglich, den Schaden wieder zu beheben, indem man die Zigarren mehrere Wochen in einem guten Humidor aufbewahrt. Das ist eine heikle Geschichte, die man am besten einer Person mit viel Geduld und großer Erfahrung überläßt. Wenn Sie es selbst ausprobieren wollen, verlagern Sie die Zigarren im Verlauf mehrerer Wochen allmählich von den Ecken Ihres Humidors zur Mitte hin. Es gibt keine andere Methode, ganz gleich, welche phantastischen Ratschläge sich sonst im Umlauf befinden. Da eine Zigarre aus mehreren Tabaklagen aufgebaut ist, leuchtet es ein, daß es katastrophal ist, wenn die einzelnen Schichten mit unterschiedlicher Geschwindigkeit feucht werden oder trocknen. Bringt man eine Zigarre, die in sehr feuchter Umgebung liegengeblieben ist, wieder ins Trockene, trocknet sie an der Außenseite und zieht sich zusammen, während sie innen aufgequollen bleibt und schließlich aufplatzt.

Hier einige der falschen Vorstellungen, die über die Wiederherstellung von ausgetrockneten Zigarren verbreitet werden – befolgen Sie sie bitte niemals!

- Legen Sie die Zigarren ins Bad und lassen Sie die heiße Dusche laufen.
- Legen Sie sie in das oberste Fach Ihrer Geschirrspülmaschine.
- Schmuggeln Sie sie in die Sauna Ihres Fitneßstudios.

Zigarrenkisten von Elie Bleu

Der Transport von Zigarren

Wenn Sie Ihre Zigarren mit auf Reisen nehmen wollen, müssen Sie sie gegen mögliche Schäden und vor dem Austrocknen schützen. Dafür sind leicht zu verstauende, kompakte Reise-Humidore die ideale Lösung.

Bevor Sie sich einen Reise-Humidor anschaffen, vergewissern Sie sich, ob Ihre Lieblingszigarren wirklich hineinpassen. Testen Sie dann seine Widerstandsfähigkeit. Auch bei größter Vorsicht wird er allerlei Stöße abbekommen. Der Hygrostat im Inneren des Humidors sollte sich nicht verschieben, auch dann nicht, wenn Sie hinter einem Taxi herrennen oder Ihre Tasche in die Ablage über Ihrem Sitz zwängen.

Auch wenn Sie nicht so viel reisen, ist ein Reise-Humidor ein außerordentlich praktisches Accessoire, um vorübergehend

einige Zigarren in einem anderen Zimmer Ihres Hauses unter-
zubringen. Außerdem sind sie sehr nützlich, um neu gekaufte
und gut gelagerte Zigarren vom Humidor Ihres Händlers nach
Hause zu transportieren.

Manchmal ist aber sogar ein Reise-Humidor zu groß. In
dem Fall müssen Sie vielleicht auf Hülsen und auf Zigarrenkisten zurückgreifen. Zigarren werden gelegentlich in Hülsen
verpackt, damit sie die richtige Feuchtigkeit behalten. Als Ein-
mallösungen sind sie gut geeignet.

Es gibt auch reizvolle Hülsen aus Silber oder Holz, in
denen Sie einzelne Zigarren bis zu drei Tagen bei der richtigen
Feuchtigkeit aufheben können. Sie benötigen allerdings mehrere Hülsen für einen Tagesvorrat. Außerdem wird Ihr Schneider von dieser Lösung nicht begeistert sein, denn die schweren
und sperrigen Hülsen könnten vermuten lassen, daß Ihr Anzug
schlecht sitzt.

Eine Lösung des Problems kann eine elegante Zigarrenkiste aus Leder sein, in der Sie Ihren Tagesvorrat verstauen.
Abends legen Sie dann alle Zigarren, die Sie nicht geraucht
haben, wieder zurück in den Humidor.

Kisten von Diamond Crown

Wenn Sie nur eine Sorte rauchen, werden Sie eine passende Kiste finden – eine mit Halteschlaufen in genau der richtigen Stärke. Einige Kisten können sogar wie ein Teleskop ausgefahren werden, falls Sie lange Zigarren bevorzugen. Derartige Kisten bieten einen ausgezeichneten Schutz, weil nichts verrutschen kann. Wenn Sie dagegen mehrere Sorten rauchen, werden Sie vermutlich eine »offene« Kiste ohne Trennvorrichtungen oder Halteschlaufen vorziehen, die für verschiedene Zigarrengrößen paßt.

Beim Kauf einer solchen Zigarrenkiste sollten Sie einen Mantel oder ein Jackett mit möglichst engen Taschen tragen. Probieren Sie aus, ob die Kiste hineinpaßt. Und wenn Sie sich das nächste Mal einen Anzug, ein Jackett oder einen Mantel anfertigen lassen, nehmen Sie die Zigarrenkiste mit. Ein guter Schneider löst das Problem, ohne daß es anschließend so aussieht, als trügen Sie eine Pistole bei sich.

Vergessen Sie nicht, beim Kauf einer Kiste einige Ihrer Zigarren mitzunehmen. Die wichtigste Frage ist immer, wie gut sie hineinpassen. Probieren Sie es aus: Sie sollten die Zigarren ohne Schwierigkeiten hineinlegen und wieder herausnehmen und die Kiste gut verschließen können.

Die Kiste sollte so ausgeschlagen sein, daß die Zigarren keinen Ledergeschmack annehmen und ihr Deckblatt nicht an dem rauhen Leder scheuert. Je stärker das Leder, desto besser ist der Schutz. Aber bei dickerem Leder wird die Kiste natürlich auch schwerer und sperriger.

Die Auswahl der richtigen Zigarrenkiste kann viel Zeit in Anspruch nehmen, da sie von ganz unterschiedlichen Faktoren abhängt. Zigarrenkisten werden mit der gleichen handwerklichen Fertigkeit hergestellt wie qualitativ hochwertige Schuhe, und es gibt sie in fast ebenso vielen Stilrichtungen. Treffen Sie Ihre Wahl sorgfältig. Eine schöne Zigarrenkiste ist nicht nur sehr nützlich, sondern gleichzeitig ein Accessoire, mit dem Sie beweisen, daß Sie Geschmack haben. Sogar ein ganzer Kleiderschrank voller Zigarrenkisten ist eine zweckmäßige Investition für den Schutz Ihrer Zigarren.

KAPITEL 7

KURZE GEOGRAPHIE DES TABAKANBAUS

Von Kuba nach Connecticut

Niemand weiß, wie lange die Menschen in Amerika schon Tabak rauchten, bevor Christoph Kolumbus am 29. Oktober 1492 im heutigen Hafen Bahía de Gibara vor Kuba Anker warf. Aber wir wissen, daß zwei seiner Kundschafter Indianer mit »rauchenden Köpfen« gesehen haben. Kolumbus brachte einige Tabakpflanzen mit nach Europa. Es dauerte eine Weile, bis sich das Tabakrauchen oder Tabakschnupfen auch in Europa durchgesetzt hatte. Einige europäische Herrscher erließen Gesetze, die den Tabakkonsum zunächst verboten. Aber bereits Mitte des 16. Jahrhunderts, also nur rund 50 Jahre nach der Entdeckung Amerikas, war der Tabak schon zu einer wertvollen Fernhandelsware geworden.

Seitdem ist Tabak in vielen Ländern angebaut worden. Weil die Pflanze genetisch gesehen stabil ist – die Reinheit des Samens bleibt von Generation zu Generation erhalten – sollte man erwarten, daß Züchtungen in anderen Ländern ähnliche Pflanzen wie in Amerika hervorbringen. Aber Pflanzen aus identischen Samen, die an verschiedenen Orten gezogen werden, bringen bei gleichen

Anbau von Connecticut-Shade-Deckblättern

Züchtungs- und Fermentierungsverfahren im Geschmack ganz unterschiedliche Tabake hervor. Schon geringfügige Unterschiede in Erde oder Klima führen zu bemerkenswerten Differenzen in Stärke und Geschmack.

Kuba

Kuba ist traditionell eines der besten Anbaugebiete für Zigarrentabak. Das führte dazu, daß Premiumzigarren im 19. Jahrhundert eine Weile einfach Havannas oder auch Habanos genannt wurden. Viele halten kubanischen Tabak bis heute für den weltweit verbindlichen Maßstab. Im allgemeinen ist kubanische Ware ein starker Tabak mit vollem Körper und würzigem und aromatischem Geschmack. Die Blätter sind für ihre Geschmeidigkeit berühmt, was für die Herstellung von Premiumzigarren von großer Bedeutung ist.

Das beste Anbaugebiet ist die legendäre Vuelta Abajo, ein Gebiet in der Provinz Pinar del Río im westlichen Teil der Insel. Weitere Anbaugebiete sind das Semi-Vuelta-Gebiet

Kuba blickt auf eine reiche Tradition großartiger Tabake zurück, daher gehörten kubanische Zigarren für lange Zeit zu den beliebtesten überhaupt.

(ebenfalls in Pinar del Río), das Partido-Gebiet in der Provinz Havanna und die Oriente- und Remedios-Regionen im Südosten der Insel.

Einige Raucher glauben, daß die Qualität des kubanischen Tabaks in den letzten Jahren nachgelassen hat; vielleicht, weil die kommunistische Regierung des Landes keine ausreichenden Anreize zur Produktion von Spitzentabaken gegeben hat. Doch die Qualität des heimischen Tabaks ist in Kuba eine Frage des nationalen Stolzes. Die Arbeiter in den Tabakanbaugebieten und in den Fabriken rund um Havanna sind stolz auf ihre Traditionen und ihren Sachverstand, die von Generation zu Generation weitergegeben werden. Zigarren sind für Kuba weit mehr als ein Exportartikel, denn die Kubaner rauchen ihre Zigarren am liebsten selbst.

Die Kritik an der abnehmenden Qualität könnte auch auf die explosionsartige Zunahme von Fälschungen kubanischer Marken, besonders der *Cohiba* und der *Montecristo*, zurückzuführen sein. Sogar ein erfahrener Raucher kann hier einem Irrtum aufsitzen, und wenn die gefälschte Marke nicht gefällt, wird er seine gute Meinung schnell ändern.

Die Überlegenheit kubanischen Tabaks wird auch weiterhin ein leidenschaftlich diskutiertes Thema unter Zigarrenrauchern bleiben. Glücklicherweise haben sich die schlechten Beziehungen zwischen den USA und Kuba nie auf den europäischen Zigarrenmarkt ausgewirkt, so daß die Aficionados nie auf den Genuß kubanischer Zigarren verzichten mußten.

Dominikanische Republik

Es wird vielfach behauptet, daß der Zigarrentabak aus der Dominikanischen Republik, der aus kubanischen Saaten stammt, inzwischen den besten Qualitäten Kubas Konkurrenz macht. Obwohl er im allgemeinen nicht ganz so stark und würzig ist wie kubanischer Tabak, ist er voll im Geschmack und trägt in hohem Maße zur Entwicklung neuer Mischungen von Einlagetabaken bei. Der dominikanische Tabak wächst

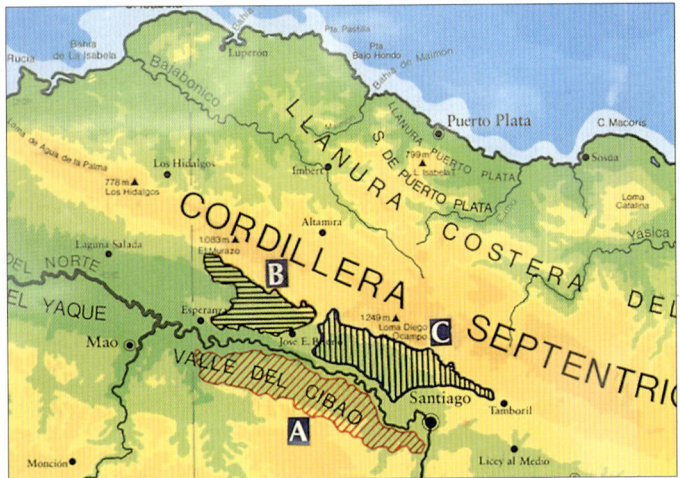

*Die oben eingetragenen Gebiete A, B und C sind die wichtigsten Tabak-
anbaugebiete in der Dominikanischen Republik. Überragend in Qualität und
Quantität sind besonders die Tabake aus dem Cibaotal (Gebiete B und C).*

vornehmlich im Norden des Landes, die besten Sorten im Valle
del Cibao bei Santiago. Die Zahl der Fabriken in Santiago, die
Premiumzigarren herstellen, wächst stetig.

Brasilien

Für brasilianische Tabakblätter ist charakteristisch, daß sie nach
der Fermentierung schwarz werden. Sie werden hauptsächlich
in dem Gebiet Cruz das Almas in der Provinz Bahía an der
Ostküste gezogen. Brasilianischer Tabak neigt zu einem vollen
Körper, ist aber bemerkenswert mild. Er wird oft verwendet,
um eine Mischung etwas würziger zu gestalten.

Ecuador

Inzwischen produziert auch Ecuador einige Tabake: sowohl
schatten- als auch sonnengereifte Deckblätter hoher Qualität
sowie Einlagetabake. Die Bauern haben erfolgreich Samen aus
dem Connecticut Valley und aus Sumatra eingesetzt. In beiden
Fällen ist die ecuadorianische Variante milder und etwas

schwächer in Aroma und Geschmack. Die Farbe ecuadorianischer Deckblätter liegt zwischen dem helleren Blatt aus Connecticut und dem dunkleren Deckblatt aus Kamerun.

Honduras und Nicaragua

Diese zentralamerikanischen Länder produzieren Tabake aus kubanischen und Connecticut-Saaten für schattengereifte Deckblätter. Sie haben einen starken würzigen Geschmack mit berauschenden Aromen. Trotzdem hat der Tabakanbau in beiden Ländern gelitten. Schimmelbefall in Honduras und der Bürgerkrieg in Nicaragua, der größtenteils in den Tabakanbaugebieten ausgetragen wurde, verringerten die Produktion, nicht zu vergessen die Verwüstungen, die der Hurrikan Mitch vergangenes Jahr verursacht hat. Bleibt zu hoffen, daß Qualität und Quanität der Erträge in naher Zukunft wieder zunehmen.

Mexiko

Das Tal von San Andrés ist für seinen sonnengereiften Tabak aus Sumatrasaaten weltberühmt. Zigarren, die hier hergestellt werden, bestehen meist zu 100 % aus heimischem Tabak. Darüber hinaus werden mexikanische Blätter weltweit als Umblätter und Einlagetabake eingesetzt. Die Deckblätter werden oft als Maduro-Deckblätter verwendet.

Vereinigte Staaten von Amerika

Im Connecticut Valley nördlich von Hartford wird der »Connecticut Shade« produziert, einer der weltbesten Deckblatt-Tabake. Dieses schöne braune bis bräunlich-gelbe Blatt, das für seine Elastizität bekannt ist, ergibt einen milden bis mittelkräftigen Rauch und wird meist für Premiumzigarren verwendet. Eine andere Variante ist das »Connecticut Broadleaf«. Es ist ein schwereres, fast schwarzes und stark geädertes Blatt, das für Maduro-Zigarren verwendet wird.

Connecticut

Kuba

Dominikanische
Republik

Mexiko

Honduras

Nicaragua

Ecuador

*Die bedeutendsten
Anbaugebiete für
Zigarrentabak auf
einen Blick*

Brasilien

Kamerun / Zentralafrikanische Republik

Schlechtes Wetter und ein Wechsel im Management führten
hier in den letzten Jahren zu Produktionseinbußen. Das grün-
lich-braune bis dunkelbraune Kamerun-Blatt wird aus indonesischen Sumatra-Saaten gezogen. Es wird wegen seines neu-

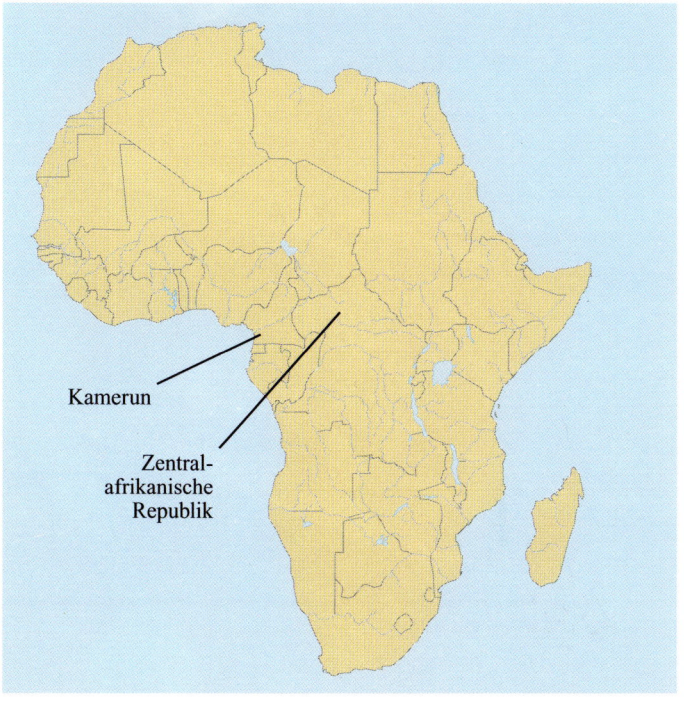

tralen Geschmacks geschätzt und ist ideal für die Aufnahme geschmackreicher Einlagetabake. Kamerunblätter sind – zumindest für Kenner – an ihrer ausgeprägten Maserung zu erkennen.

Indonesien

Der Tabak von den indonesischen Inseln wird als »Java« oder »Sumatra« bezeichnet. In Europa (speziell in den Niederlanden und in Deutschland) ist die Herstellung von Sumatra-Zigarren Bestandteil der jahrhundertealten Zigarrentradition.

Philippinen

Auf den Philippinen wird ein milder Tabak angebaut. Die hybride Sorte, die hier gezogen wird, ist sehr aromatisch.

KAPITEL 8

DIE HERSTELLUNG VON PREMIUMZIGARREN

Die Kunst des Torcedors

D ie Herstellung einer handgerollten Premiumzigarre ist ein komplizierter Prozeß. Ein Tabakblatt wird in manchen Fabriken 40mal von einer menschlichen Hand berührt, bis die Zigarre ihre endgültige Gestalt hat. Denken Sie, bevor Sie sich eine Zigarre anzünden, einmal an die Arbeit der Pflücker, Fermenteure und der Roller, und machen Sie sich bewußt, daß Ihre Zigarre das Ergebnis handwerklicher Kunstfertigkeit darstellt – der Genuß wird um so größer sein.

Der Anbau der Tabakpflanze

Der Zigarrentabak durchläuft drei Phasen von jeweils etwa sechs Wochen Dauer (bekannt auch als die »magischen Sechs«), bevor er in die Fabrik gelangt: Sechs Wochen dauert es, bis die Samen keimen und ausgepflanzt werden können, weitere sechs Wochen benötigt die Tabakpflanze bis zur Reife, und wiederum sechs Wochen dauert die Ernte, wobei sich geringe Abweichungen durch das Wetter, die Qualität der Ernte und den Verwendungszweck der Blätter ergeben können.

Die Fermentierung des Tabaks

Nach der Ernte durchläuft der Tabak eine Reihe von Fermentierungssprozessen. Zuerst wird der noch leicht feuchte Tabak zu riesigen Haufen (Stapeln) aufgeschichtet. Mit der Gärung, bei der der Tabak an Süße gewinnt, erhitzen sich die Blätter

*Frische
Connecticut-
Shade-
Pflanzen*

innerhalb eines Stapels auf bis zu 60 °C. Fermenteure sorgen für eine gleichmäßige Fermentierung, indem sie die Stapel bis zu viermal auseinandernehmen, die Blätter wieder befeuchten und die Stapel erneut aufschichten. In dieser Phase gibt der Tabak Ammoniak ab, und sein Nikotingehalt reduziert sich.

Für die Reifung wird der fermentierte Tabak dann zu Ballen geschichtet und meistens mit Sackleinen ummantelt. Die übliche Reifezeit beträgt zwischen 18 und 24 Monaten, manche Hersteller haben in ihren Lagerbeständen auch zehnjährige

Tabake. Bevor man den Tabak rollt, wird er nochmals leicht befeuchtet, damit er besser zu verarbeiten ist.

Die Zigarrenherstellung von Hand

Das Mischungsverhältnis der Einlage wird von einem Mischmeister festgelegt. Er stellt Tabake verschiedener Geschmacksrichtungen und Stärken zusammen, um einen charakteristischen Geschmack zu erzielen. Je nach Ringmaß enthält eine Zigarre eine Einlage aus zwei bis vier Tabaksorten. Der Torcedor, ein professioneller Tabakroller, stellt die Einlage entsprechend der vorgegebenen Mischung zusammen. Er drückt die Blätter vorsichtig mit der Hand zusammen und legt sie auf ein elastisches Tabakblatt, das Umblatt. Der Tabak wird nun zu einem Bündel zusammengerollt, auf die richtige Länge geschnitten und in den unteren Teil einer Holzform gedrückt. Dann wird die obere Hälfte der Form heruntergeklappt und das Ganze in eine Spindelpresse gelegt (Foto S. 116). Die Presse wird einmal zu- und wieder aufgeschraubt. Der Wickel in der Form wird umgedreht und die geschlossene Form anschließend erneut zusammengepreßt. Der Vorgang des Pressens dauert insgesamt etwa eine Stunde.

Ein Torcedor bei der Arbeit

Dann nimmt der Torcedor den Wickel aus der Form und vollendet die Zigarre mit dem Deckblatt, einem schönen geschmeidigen Blatt, das er zuvor in zwei Hälften zerlegt hat. Unter gleichbleibendem Druck rollt er den Wickel in das Blatt ein und verklebt es am Kopf mit etwas Naturleim.

Ein geübter Roller fertigt je nach Herstellungsart zwischen 75 und 150 Zigarren am Tag. Im Team können die Roller ihre tägliche Produktion auf 200 bis 400 Zigarren steigern.

Kontrolleure prüfen jede einzelne Zigarre mit der Hand. Sie haben ein Gespür für das Gewicht und für harte Stellen, die auf einen Tabakpfropfen hinweisen könnten, oder für weiche Stellen, die einen ungleichmäßigen Brand verursachen. In den meisten Fabriken werden die korrekt gearbeiteten Zigarren anschließend in Bündeln zu 50 Stück gewogen. Das Ge-

wicht der Bündel, die geübte Roller hergestellt haben, differiert um weniger als ein Gramm. Bei größeren Gewichtsabweichungen müssen die Zigarren nachbearbeitet werden.

Die Reifung der Zigarre

Die letzte Phase durchläuft die Zigarre im Klimaraum, wo sie mindestens 21 Tage gelagert wird. Manche Hersteller dehnen diese Phase sogar auf zwischen 90 und 180 Tage aus. Dies erlaubt den unterschiedlichen Einlagetabaken, »sich zu vermählen«, was ihr ausgewogenes Aroma garantiert. Danach werden für jede Kiste die geeigneten Zigarren ausgewählt, sortiert nach feinen Abstufungen in der Färbung des Deckblattes, und schließlich für den Versand verpackt.

KAPITEL 9

FARBEN — FORMATE — GRÖSSEN

Für jeden etwas

D ie Deckblätter weisen eine Farbpalette auf, die den Tönungen der menschlichen Haut ähnelt. Entsprechend den sieben Farben des Regenbogens verwenden Aficionados sieben Grundfarben zur Beschreibung von Deckblättern. Manche Zigarrenhändler beschreiben ihre Zigarren jedoch in viel mehr als sieben Farben. Eine Eselsbrücke: So wie der Staat Colorado in der Mitte der USA liegt, hat die Farbe namens Colorado ebenfalls in der Mitte der Farbskala ihren Platz.

Die Unterschiede der Deckblattfarben sind abhängig von der Tabaksorte, der unterschiedlichen Behandlung der Blätter und der Dauer, der ein Tabakblatt dem Sonnenlicht ausgesetzt war.

Die geläufige Farbskala für Deckblätter gliedert sich wie folgt (von hell nach dunkel geordnet):

Claro Claro (oder auch **Candela**): Hellgrüne bis gelbe Tönung, die sich in einem durch Hitzezufuhr unterstützten Schnelltrocknungsprozeß bildet, bei dem der Chlorophyllgehalt des Deckblattes erhalten bleibt. Dieses etwas süßlich schmeckende Deckblatt war in der Vergangenheit das in den USA bevorzugte.

Claro: Blasse gelb-braune Färbung, die meist dadurch erreicht wird, daß die Blätter im Schatten gezogen, vor der vollen Reife geerntet und dann einer schnellen Lufttrocknung unterzogen werden. Claro-Deckblätter sind geschmacklich relativ neutral, so daß sich das Aroma der Einlage auf dieser konsistenten Grundlage gut entfalten kann.

Colorado Claro (oder auch **Natural**): Hellbraune Färbung, meistens bei sonnengezogenem Tabak.

Colorado: Mittelbraune bis rötliche Schattierung des Deckblatts, gewöhnlich schattengezogen. Typisch sind der reiche Geschmack und das ausgeprägte Aroma.

Colorado Maduro: Dunkler als **Colorado**, aber heller als Maduro.

Maduro: Die Tönung des Deckblatts reicht von einem sehr dunklen Rotbraun bis fast ins Schwarze. Das spanische Wort »maduro« bedeutet »reif« und bezieht sich auf den langen Prozeß, den dieses Deckblatt durchlaufen muß: Die Blätter wer-

Claro *Doppelt*	*Claro*	*Colorado Claro* *(oder auch Natural)*	*Colorado*

den in einem besonderen Verfahren »gekocht« bzw. länger oder mit höherer Temperatur fermentiert als üblich. Maduro-Deckblätter haben im allgemeinen ein mildes Aroma, aber einen kräftigen, leicht süßlichen Geschmack.

Oscuro: Die Tönung ist dunkler als bei Maduro-Blättern und entsteht dadurch, daß man die Blätter möglichst lange an der Pflanze läßt. Nur die obersten Blätter, die am intensivsten der Sonne ausgesetzt waren, finden Verwendung. Durch eine lange Fermentierung gewinnen sie an Süße. Manchmal nennt man sie auch Negro. Oscuro-Deckblätter stammen oft aus Brasilien oder Mexiko.

Colorado Maduro   *Maduro*   *Oscuro*

Formate und Größen

Traditionelle Zigarrenformen, Formate genannt, variieren von Marke zu Marke sehr stark in ihrer Größe. Deshalb muß man Zigarren anhand ihrer Länge und ihres Durchmessers und nicht zuletzt auch anhand ihrer Form beschreiben. Die Länge wird in Inch oder in mm angegeben (wobei 1 Inch 25,4 mm entspricht). Der Durchmesser wird als Ringmaß bezeichnet. Die Einheit dieses Maßes besitzt die Länge von $\frac{1}{64}$ Inch. So hat zum Beispiel eine Zigarre mit dem Ringmaß 42 einen Durchmesser von $\frac{42}{64}$ Inches. Premiumzigarren werden also nicht zur Bestimmung der Größe, sondern lediglich zum Zweck der Qualitätskontrolle in der Fabrik gewogen.

Die Größe einer Zigarre hat nichts mit ihrer Stärke zu tun. Große Zigarren, die aus milden Tabaken hergestellt werden, schmecken auch mild, wohingegen kleine Zigarren, die aus starken Tabaken bestehen, kräftig sind. Außerdem weisen die Marken untereinander große Unterschiede auf, auch bei gleichen Formaten.

Parejos: Gerade Zigarren

Gerade Zigarren sind die verbreitetste Form, aber auch hier bestehen feine Unterschiede.

Coronas

An den **Coronas** werden traditionell alle anderen Zigarrenformate gemessen. Sie haben ein offenes Brandende und einen geschlossenen runden Kopf, der vor dem Rauchen angeschnitten wird.

Kleine Corona: Diese kurze Corona mißt normalerweise 4½ Inches (114 mm) bei einem Ringmaß von 40 bis 42.

Corona: Die traditionelle Länge beträgt 5½ bis 6 Inches (140 bis 152 mm), das Ringmaß 42 bis 44.

Churchill: Ein großes Coronaformat; üblich sind 7 Inches (178 mm) Länge und ein Ringmaß von 48.

Robusto: Ein kurzes Churchillformat, das immer beliebter wird. Meist 5 bis 5½ Inches (127 bis 140 mm) Länge bei einem stämmigen Ringmaß von 50.

Corona Gorda: Ein langes Robustoformat, das man auch Robusto Extra nennen könnte, obwohl ihre Beliebtheit die der Robusto übertraf. Traditionelle Maße: 5⅝ Inches (143 mm) Länge bei einem Ringmaß von 46.

Doppelcorona: Standardmaße von 7½ bis 8 Inches (191 bis 203 mm) Länge bei einem Ringmaß von 49 bis 52.

Panatela

Sie ist wie eine längere dünnere Corona geformt und war früher beliebter als heute. Länge: schwankt zwischen 5 und 7½ Inches (127 bis 191 mm), Ringmaß: 34 bis 38.

Lonsdale

Meistens dicker als eine Panatela, aber länger als eine Corona. Klassische Größe: 6¾ Inches (171 mm) bei einem Ringmaß von 42 bis 44.

Figurados

Es gibt eine Reihe auch traditioneller Formate, die durch ihre ungewöhnliche Gestalt überraschen: die Figurados. Verschiedene Hersteller haben ihren Sorten unterschiedliche Formen gegeben, so daß man beispielsweise eine Zigarre finden kann, die wie eine Pyramide aussieht, aber Belicoso heißt. Die folgende Aufstellung verdeutlicht, wie die Figurados im allgemeinen aussehen:

Pyramide

Eine am geschlossenen Kopf stark verjüngte Zigarre, die sich zum Brandende hin erweitert. Diese Zigarren messen 6 bis 7 Inches (152 bis 178 mm) bei einem Ringmaß von etwa 40 am Kopf, das sich bis zu einem Ringmaß von 52 bis 54 am Brandende ausweiten kann.

Belicoso

Früher war die Belicoso eine kurze Pyramide von 5 bis 5½ Inches (127 bis 140 mm) Länge mit einer stärker gerundeten Verjüngung am Kopf und einem Ringmaß von 50 oder weniger. Heute ist die Belicoso häufig eine Corona oder Corona Gorda mit einem stark konischen Kopf.

Torpedo

Die Torpedo hat ein geschlossenes Brandende, einen spitzen Kopf und eine Ausbuchtung in der Mitte (nach Zino Davidoff). Sie wird häufig fälschlicherweise mit der Pyramide gleichgesetzt.

Perfecto

Die Perfecto hat wie die Torpedo ein geschlossenes Brandende und eine Ausbuchtung in der Mitte. Der Unterschied besteht darin, daß der Kopf eher rund und nicht spitz ist. Perfectos gibt es in sehr unterschiedlichen Längen (drei Formate sind auf S. 131 abgebildet) von 4½ bis zu 9 Inches (114 bis 228 mm) mit einem Ringmaß von 38 bis 48.

Culebra

Diese exotische Form, bei der drei Panatelas zu einer Zigarre zusammengebunden sind, zeigt deutlich, warum man Zigarren manchmal »Seile« genannt hat. Die drei Teile werden einzeln geraucht. Sie sind gewöhnlich 5 bis 6 Inches lang (127 bis 152 mm) und haben meist ein Ringmaß von 38. Heutzutage gibt es sie leider nur noch selten. Die *Culebra* soll entstanden sein als praktisch zu handhabendes tägliches Deputat für die Roller.

Diademas

Eine große Zigarre von 8 Inches (203 mm) oder länger. Der geschlossene Kopf verjüngt sich und hat ein Ringmaß von etwa 40. Das Brandende kann offen oder geschlossen wie bei der Perfecto sein und hat ein gesundes Ringmaß von 52 oder sogar mehr.

Petit
Corona

Corona

Churchill

Robusto

Corona
Gorda

Belicoso

Torpedo

Lonsdale

Pyramide

Panatela

*Doppel-
corona*

Kubanische
Perfecto

Perfecto

Perfecto

Culebra
(Krumme
Hunde)

Diademas

131

KAPITEL 10

ZIGARREN UND SPIRITUOSEN

Eine fruchtbare Verbindung

Ein wahrer Aficionado beschränkt sein Genußstreben nicht auf Zigarren, sondern spricht häufig auch alkoholischen Getränken zu, die das Vergnügen an einer Premiumzigarre noch steigern. Wein ist in dieser Hinsicht naheliegend. Immer mehr Menschen sind davon überzeugt, daß eine Mahlzeit ohne einen erlesenen Wein und eine gute Zigarre unvollständig ist. Vermutlich haben Sie sich schon einige Kenntnisse über Weine und Champagner, ebenso über gute Biere und auch Kaffee angeeignet. Doch es gibt noch andere Getränke, die als natürliche Partner der Zigarre gelten können.

Cognacs und Weinbrände

Was haben Cognacs und Weinbrände mit guten Zigarren zu tun? Nichts – und gleichzeitig alles. Natürlich gönnen sich nicht alle Aficionados Cognacs und Weinbrände. Und sicherlich gibt es auch unter enthusiastischen Zigarrenrauchern viele Abstinenzler. Dennoch besteht für viele Raucher ein Zusammenhang zwischen guten Zigarren und edlen Spirituosen. Beide stellen für verwöhnte Gaumen eine große Verführung dar. Daher lade ich Sie ein, auch diese erlesenen Tropfen zu entdecken.

Weinbrände sorgen unter Kennern immer für leidenschaftliche Debatten. Es heißt, daß sich aus Trauben hergestellte Weinbrände zum Wein verhalten wie die Zigarre zur Zigarette. Französische Brennereien in den Regionen Cognac oder Armagnac halten ihre Produkte für die besten – ganz ähnlich

Ein Cognac und eine Premiumzigarre ergänzen sich bestens.

wie Kuba seine Zigarren. Andere wiederum verteidigen enthusiastisch spanische oder amerikanische Weinbrände oder begeistern sich für Grappa oder Marc.

Am besten ist es, sich über alle diese Getränke selbst ein Urteil zu bilden. Aber zu einer exzellenten Zigarre paßt einfach nur das Beste, nämlich ein Cognac.

Die Anbaugebiete des Cognacs

Damit ein Cognac sich Cognac nennen darf, muß er aus einem kleinen, klar definierten Gebiet um die französische Stadt Cognac herum stammen. Die dortigen Bewohner nehmen ihre Traditionen, ihre Fähigkeiten und ihre Exklusivität sehr ernst.

Rund um Cognac liegen sechs Anbaugebiete, in denen die Trauben – meist Ugni Blanc (Trebbiano) – wachsen, aus denen Cognac hergestellt wird. In ihrer Mitte befindet sich die Grande Champagne, von der man sagt, daß sie Spitzencognacs hervorbringe. Es gibt auch die Petite Champagne, die aber in Wirklichkeit größer ist als die Grande Champagne – als ob die Bezeichnung »Champagne« nicht schon verwirrend genug wäre. Weiterhin werden in den Borderies, Fins Bois, Bons Bois und Bois Communs (oder Ordinaires) Trauben für Cognac angebaut.

Jedes dieser Anbaugebiete erzeugt Reben von unterschiedlicher Qualität. Die Kellermeister kreieren große Cognacs, indem sie Destillate aus verschiedenen Anbaugebieten verschneiden. Dieses Verschneiden ähnelt der Mischung der Einlagetabake bei einer Premiumzigarre. Die Cognacbezeichnung »Fine Champagne« bedeutet, daß 50 % der Trauben aus dem Anbaugebiet Grande Champagne stammen müssen. Kommen alle Trauben aus der Grande oder Petite Champagne, ist dies wahrscheinlich auf dem Flaschenetikett vermerkt.

Altersbezeichnungen des Cognacs

Der ausgeprägte Geschmack eines Cognacs entwickelt sich während seiner Lagerung in Fässern aus französischer Eiche. Je reifer ein Cognac ist, desto besser seine Qualität. Die Buchstaben »V. S.« auf dem Etikett bedeuten, daß der Cognac weniger als 4½ Jahre im Faß gereift ist. »V. S. O. P.«-Cognac dagegen ist älter als 4½ Jahre, während »X. O.« auf dem Etikett auf mindestens 6½ Jahre Reifung hindeutet.

Obwohl ein »X. O.«-Cognac schon etwas Besonderes ist, gibt es Cognacs, die mit noch größerer Sorgfalt produziert

*Ein Barmann im »Four Seasons« in New York macht Pause. Hier genießt man
gern einen Cocktail mit einer guten Zigarre.*

werden. Viele Brennereien stellen neben ihrer Normalproduk-
tion Spitzencognacs her, die wesentlich länger als 6½ Jahre
gelagert werden und manchmal sogar ein Alter von 70 Jahren
erreichen. Courvoisier Initiale Extra, Hennessy Paradis, Hine
Triomphe, Martell Extra und Rémy Martin Louis XIII sind
Beispiele für solche Spitzencognacs.

Armagnac

Als Kontrast zum Cognac sollten Sie auch einmal einen
Armagnac testen. Er wird nur einmal destilliert, und obwohl er
ebenfalls im Faß reift, fehlt ihm die charakteristische Weichheit
des Cognacs. Andererseits behält er wegen der nur einfachen
Destillation mehr vom Traubengeschmack bei. Armagnac wird
häufig nur aus Weinen sehr guter Jahrgänge gebrannt bzw. jahr-
gangsweise abgefüllt.

Grappa und Marc

Wenn Sie auch an dem etwas stärkeren Geschmack eines Armagnac Gefallen finden, sollten Sie auch Grappa und Marc testen. Diese Tresterschnäpse, die fast nie im Faß reifen, halten den stärksten Zigarren stand.

Viele Jahre haben die Italiener sich daran erfreut, Reisende mit den klaren heimischen Grappas vertraut zu machen. (Wenn Sie jemals einen Wettkampf im Grappatrinken mit älteren Leuten in einem kleinen italienischen Dorf aufnehmen, sollten Sie zwei Dinge wissen: 1. Sie werden verlieren. 2. Sie werden sich am folgenden Tag furchtbar fühlen.) Inzwischen produzieren amerikanische Winzer ebenfalls Grappa, und mittlerweile sind immer mehr Grappas aus einer einzigen Rebsorte im Handel.

Nachdem die Trauben zur Weinherstellung gepreßt worden sind, brennen die Winzer zum eigenen Vergnügen den Kelterrückstand. Marc wird immer noch als zweitrangiges Produkt angesehen und ist oft schwer zu bekommen. Schlagen Sie also keine Gelegenheit aus, davon zu kosten.

Spanische und amerikanische Weinbrände

Spanische Weinbrände sind dunkel, süß und geschmackvoll. Sie werden oft aus Trauben des Valdepenas-Gebiets gewonnen. Raucher, die ihre Zigarren gern in Weinbrand dippen, bevorzugen oft spanische Sorten. Viele konservative Raucher halten diese Methode allerdings sowohl für eine Beleidigung der Zigarre wie des Weinbrandes.

Waren sie früher eher eine Domäne der Köche (und Saufbrüder auf der Suche nach Hochprozentigem), so bringt man den amerikanischen Weinbränden in den letzten Jahren die angemessene Wertschätzung entgegen. Typische kalifornische Brandies sind leicht und weich, haben einen ausgeprägten Traubengeschmack und werden in einer Bandbreite von trocken bis ziemlich süß angeboten. Einige kleinere »Edelproduzenten« arbeiten inzwischen mit traditionelleren Brennblasen und stellen Weinbrände mit einem ausgeprägten Eigencharakter her. Vermutlich werden amerikanische Weinbrände in

Zukunft herausragende Qualität erreichen und in diesem Sinne mit amerikanischen Weinen vergleichbar sein.

Portwein

Seit dem 19. Jahrhundert hat sich das Ritual, sich mit Portwein und Zigarren in den Salon zurückzuziehen, gewandelt. Frauen waren damals unter keinen Umständen zugelassen. Nach wie vor gilt die Verbindung von Portwein und einer guten Zigarre als die Krönung einer opulenten Mahlzeit, aber heutzutage würde kaum noch jemand die Damen von diesem Vergnügen ausschließen.

Portwein wird fast immer nach dem Essen angeboten. Er ist schwer und üppig genug, um das Dessert zu ersetzen. Manchmal dauert es Jahre, bis man einen Sinn für das eine oder andere hochgeistige Getränk entwickelt, doch Portwein ist jedem unmittelbar zugänglich.

Portwein ist ein aufgespriteter Wein, d. h., sein Alkoholgehalt wurde durch Zusatz von Branntwein auf etwa 20 Vol.-% erhöht. Er wird aus Trauben hergestellt, die von Weingütern (Quintas) im oberen Durotal in Portugal stammen. Sein Name leitet sich von der Küstenstadt Porto ab, wo er verschnitten und von wo aus er auch verschifft wird.

Es waren die Briten, die sowohl den Portwein als auch den Handel damit entwickelten. Im Jahr 1703, während England sich mit Frankreich, dem Hauptlieferanten von Wein, im Kriegszustand befand, unterzeichnete der Botschafter der englischen Krone ein Handelsabkommen, das portugiesischem Wein steuerliche Vorteile einräumte. Dieser war zwar billig, aber so herb, daß die Engländer ihn nicht mochten. Geschäftstüchtige britische Weinhändler in Porto entdeckten jedoch schon bald, daß er sich durch den Zusatz von Weinbrand nicht nur besser hielt, sondern daß der so entstandene süßere Charakter dem englischen Gaumen auch viel besser schmeichelte.

Der Ausdruck »Jahrgangs-Portwein« bezieht sich nicht auf das Alter des Weines. Er bedeutet vielmehr, daß der Portwein

Portwein und eine gute Zigarre sind krönender Abschluß einer guten Mahlzeit.

aus einem Jahrgang gewonnen wurde, den die Hersteller oder Exporteure für hervorragend halten und zu einem »großen Jahr« erklären. Portwein einer solchen Ernte wird vor seiner Abfüllung zwei Jahre oder mehr im Faß gelagert. Nicht immer herrscht Einigkeit darüber, ob ein bestimmtes Jahr einen Jahrgangswein hervorgebracht hat oder nicht. Im allgemeinen jedoch wird ein Jahrgangs-Portwein mit der entsprechenden Auszeichnung besser sein als andere, da er die Möglichkeit erhält, in vielen Jahren – 30, 40 oder sogar 50 Jahre – zur vollen Reife zu gelangen.

Portweine guter Qualität aus einem normalen Jahr können zu »late-bottle-vintages«, (LBV-)Portweinen, verarbeitet werden. Die Trauben stammen aus einer einzelnen Ernte, und der Wein reift vier bzw. sechs Jahre in Holzfässern, also doppelt so lang wie ein gewöhnlicher Jahrgangsportwein. Sie sollen dem Charakter von Jahrgangsportweinen möglichst nahe kommen und lange Lagerzeiten im Keller vermeiden.

Die preiswertesten Portweine sind die Ruby-Portweine. Es handelt sich um junge verschnittene Weine, die ihre helle rote Farbe und ihren süßen, fruchtigen Charakter behalten. Sie reifen lange genug im Faß (zwei bis drei Jahre), um gut trinkbar in den Handel zu kommen.

Schließlich gibt es noch den Tawny-Portwein. Er wird ebenfalls aus aufgespriteten Weinen verschnitten (aber nicht aus Jahrgangsweinen) und dann im Faß gelagert. Seine Reifungszeit kann 10, 20 oder sogar 30 Jahre betragen. Die Altersbezeichnung auf einer Flasche Tawny, zum Beispiel »20-years-old«, bezieht sich auf das Durchschnittsalter der verschnittenen Weine; einige von ihnen können also auch jünger sein. Die lange Faßlagerung führt zu der blassen Farbe und dem raffinierten nußartigen Geschmack. Es gibt viele gewöhnliche Tawnies, einige aber, die mit äußerster Sorgfalt verschnitten und gelagert wurden, gehören zu den ganz großen Portweinen.

Zu den führenden Portweinhäusern zählen Cockburn, Croft, Dow, Fonseca, Graham, Quinta do Noval, Taylor Fladgate und Warre.

Wenn Sie zum richtigen Portweingenießer geworden sind, probieren Sie sicher gerne besondere Portweine zu außergewöhnlichen Zigarren, denn beide ergänzen sich vorzüglich und werten sich sogar gegenseitig noch auf.

Schottischer Whisky und irischer Whiskey

Zu den stärksten Trends der letzten Jahre zählt ohne Zweifel die wachsende Beliebtheit von Premiumzigarren und schottischem bzw. irischem Whiskey. Das scheint logisch, denn dieses Getränk hat einen ähnlich komplexen Geschmack wie ausgewählte Zigarrentabake, und beide gibt es in zahllosen raffinierten Variationen.

In den USA sind schottische Whiskys üblich, für die gute Malzbrände mit neutralen Kornbränden verschnitten werden. Die Beliebtheit des schottischen Single Malts hat in den letzten Jahren stark zugenommen. Ein Single Malt ist ein unverschnittener Scotch und stammt aus den Bränden einer einzigen Brennerei, die die Produkte aus ihrer unmittelbaren Umgebung verarbeitet.

Jeder Single Malt hat seinen charakteristischen Geschmack, in dem sich die Eigenheiten der Böden und des Klimas widerspiegeln, ebenso die Qualität des streng überwachten Destillationsprozesses. Hersteller von Single Malts werben häufig voller Stolz mit der langen Lagerzeit ihrer Produkte. Manche heben hervor, daß sie alte Sherry- oder Bourbonfässer verwenden, um ihr wertvolles Gebräu reifen zu lassen, denn Sherryfässer geben dem darin gereiften Whisky eine gewisse Süße, was bei Bourbonfässern nicht der Fall ist.

Irischer Whiskey hat nicht die gleiche begeisterte Anhängerschaft wie schottischer Whisky gewinnen können, doch in kleinen Kreisen erfreut er sich ebenfalls großer Beliebtheit. Weil irische Whiskeys meist dreifach destilliert werden, schmecken sie im allgemeinen neutraler als die oft erdig-würzigen schottischen Whiskys.

Scotch Whiskys haben selten einen raffinierten Geschmack und können daher gut mit Soda und Eis getrunken werden. Doch die aromatischen Feinheiten eines exzellenten Scotchs kann man am besten einschätzen, wenn er pur, also ohne Wasser, Eis oder andere Zutaten serviert wird. Cocktails auf der

Ein guter Single Malt steigert den Genuß einer Premiumzigarre.

Basis von Scotch haben an Beliebtheit eingebüßt, seit man pur servierte schottische Whiskys schätzen gelernt hat.

Man kann lernen, Geschmack an Whiskys und Premiumzigarren zu finden, und die Mühe lohnt sich. Man lernt schnell zu unterscheiden, ob die bernsteinfarbene Flüssigkeit im Glas von einem Speyside, Lowlands, Highlands, Campbeltown oder einem Islay stammt.

Rum

Noch vor wenigen Jahren war Rum für viele nichts weiter als ein billiger Zusatz zum Auffüllen von tropischen Drinks. Andererseits ist es auch noch nicht lange her, daß man glaubte, eine gute Zigarre müßte ein Mundstück aus Plastik haben. Doch langsam bringt man dem Getränk mehr Wertschätzung entgegen. Rum wurde übrigens vor mindestens 3000 Jahren schon in Asien destilliert, um dann über Nordafrika schließlich in die Karibik zu gelangen und dort heimisch zu werden.

In der Schule haben wir gelernt, wie die Melasse innerhalb eines Dreieckshandels von den karibischen Inseln in die amerikanischen Kolonien verschifft wurde. Was aber meistens nicht erwähnt wurde, ist der Grund für die große Nachfrage nach Zuckerrohrsirup, der nämlich darin bestand, daß man ihn zur Gewinnung von Rum benötigt.

Es gibt bei der Destillation von Rum eine größere Variationsbreite als bei den meisten anderen alkoholischen Getränken. Die modernen, gleichmäßig arbeitenden Brennblasen produzieren oft einen reinen, neutralen Rum. Andere Sorten dagegen gehen aus natürlichen Gärungsprozessen hervor, die länger als eine Woche dauern können. Lediglich einige kontrollierte Fermentierungsprozesse werden durch den Zusatz von Hefe beschleunigt. Der Rum reift dann in Bourbonfässern aus amerikanischer Eiche. Die Fässer sind an der Innenseite angekohlt, wodurch der Rum an Geschmack und Farbe gewinnt. Je länger ein Rum reift, desto milder wird er im allgemeinen. In vielen Länder ist es gesetzlich vorgeschrieben, auf dem Flaschenetikett das Alter des jüngsten Rums auszuweisen, der dem Verschnitt zugegeben wurde. Wenn Sie also einen fünf-jährigen Rum trinken, kann es gut sein, daß ein großer Teil davon schon doppelt so alt ist.

Neben dem Alter empfiehlt es sich, auch auf die Stärke des Rums zu achten, denn sie kann von Sorte zu Sorte stark vari-ieren. Vermeiden Sie also Überraschungen.

Da Rum nach verschiedenen traditionellen Verfahren her-gestellt wird, lohnt es sich, viele Sorten ganz unterschiedlicher Herkunft zu probieren. Puertoricaner sind stolz darauf, daß ihr Rum so leicht ist, die Bewohner von Barbados und den Virgin Islands halten dagegen, daß Rum körperreicher zu sein habe. Rum von den Bermudas, aus Guatemala und aus Jamaica ist sogar noch dunkler. Bilden Sie sich Ihre eigene Meinung, und vor allem, verlassen Sie keine karibische Insel, ohne zuvor den heimischen Rum gekostet zu haben.

Trotz aller Divergenzen sind sich fast alle Erzeugerländer in den folgenden Punkten einig: Rum hatte lange Zeit ein zu schlechtes Image, und Rum und Zigarren passen ausgezeich-net zueinander. Viele berufliche Zigarrenprüfer (ein benei-denswerter Job!) spülen ihren Gaumen zwischen zwei Zigar-ren lieber mit einem Schluck Rum als mit Wasser, da Rum den Geschmack von Zigarren angeblich intensiviert.

Tequila

In Mexiko spielt Tequila dieselbe Rolle wie Rum in der Kari-bik oder Wein in Frankreich. Er steht im Mittelpunkt einer langen Tradition, auf die die Mexikaner stolz sind, und sie bedauern den Rest der Welt, der die Wunder ihres Zaubertran-kes noch immer nicht kennengelernt hat.

Wie Rum galt Tequila lange ausschließlich als Grundlage für Cocktails, erst später fing man an, ihn aufgrund seines Eigengeschmacks zu schätzen.

Tequila wird aus dem Harz der Blauen Agave hergestellt (botanischer Name: agave tequilana weber). Sein Geschmack

ändert sich mit dem Alter. Ein junger Tequila ist in der Regel recht geschmackvoll, ein gereifter Tequila dagegen – reposado oder añejo genannt – ist milder.

Um zu erleben, wie fein Tequila schmecken kann, gehen Sie am besten in eine Bar oder ein Restaurant, wo mindestens ein Dutzend Tequilas angeboten werden. Bestellen Sie einen Tequila aus 100 % Blauer Agave in einem Cognacschwenker und verkosten Sie ihn wie einen guten Wein oder Cognac, indem Sie ihn schwenken und schlürfen, um die volle Breite seines Bouquets, seines Aromas und seines Abgangs zu genießen.

Kentucky-Bourbon und andere amerikanische Whiskeys

Auch die USA haben einen wesentlichen Beitrag zu den hochprozentigen Getränken geleistet: Kentucky-Bourbon und andere amerikanische Whiskeys.

Wenn man der Legende glauben darf, wurde der Bourbon zufällig erfunden: Ein Feuer hatte das Lager von Elijah Craig erfaßt und einige seiner Fässer angekohlt, in denen er seinen »Weißen Blitz« zu verschicken pflegte. Craig stellt fest, daß die Fässer noch wasserdicht waren, und füllte sie erneut mit seinem Destillat. Die erwarteten Beschwerden blieben aus, im Gegenteil, man machte ihm Komplimente, und die Nachfrage stieg. Denn auf dem Weg zum Markt in New Orleans war es in den angekohlten Fässern zu einer chemischen Reaktion gekommen, bei der sein Destillat eine neue bernsteinartige Farbe angenommen und einen weicheren Geschmack bekommen hatte.

Heute gibt es natürlich verbindliche Vorschriften für die Herstellung von Bourbon. Das Destillat muß aus Kentucky stammen, und das verwendete Getreide muß mindestens 51 % Mais enthalten. Normalerweise jedoch beträgt der Maisanteil in den meisten Brennereien bis zu 75 %, ergänzt beispielsweise durch Weizen, um eine ausgewogene Gärungsmaische zu erreichen. Bourbon muß heute mindestens zwei Jahre in Fässern aus amerikanischer Eiche reifen.

Bourbons und andere qualitativ gute amerikanische Whiskeys erfreuen sich zur Zeit einer ähnlichen Renaissance wie gute Biere und Single Malts. Die Verbraucher fangen an, die feinen Unterschiede zu schätzen, die zwischen den Kentucky-Bourbons und den süßeren, rauchigeren, holzkohlegefilterten Bränden bestehen, die in Nachbarstaaten wie Tennessee hergestellt werden.

Bekanntere Bourbonsorten – allesamt Verschnitte – mixt man nach wie vor in Whiskey Sours und Mint Juleps, aber die kleinen edlen Marken, von denen einer auch den Namen Elijah Craig trägt, behandelt man wie Spitzenweine. Meistens werden sie pur serviert, obwohl es auch einige Kenner gibt, die meinen, ein bißchen Wasser oder ein, zwei Eiswürfel würden den Geschmack noch stärker betonen.

Halten Sie bei der Suche Ihrer Lieblingssorte Ausschau nach dem Etikett »cask stength«. Diese Bourbons werden ohne jeden Zusatz von Wasser abgefüllt, und sie können einen Alkoholgehalt von gut 70 Vol.-% erreichen.

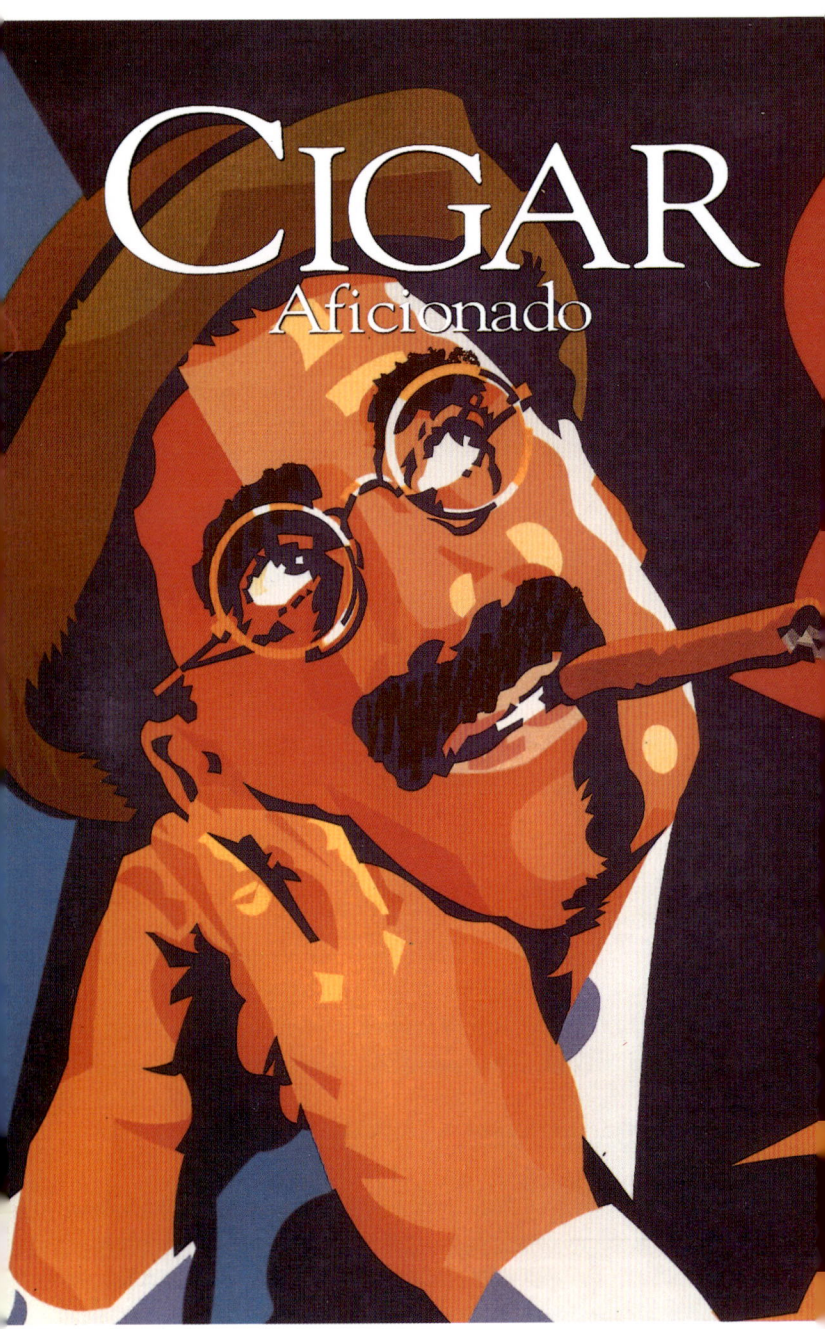

KAPITEL 11

EIN JAHRHUNDERT DER ZIGARREN

Von König Edward VII. bis zur Zeitschrift Cigar Aficionado

Auf ganz alten Fotos aus der westlichen Welt tragen die meisten Männer Hüte und halten eine Zigarre in der Hand. Zigarren galten schon damals als Ausdruck von Bildung und Macht. Könige, Präsidenten, Generäle und Gentlemen: Sie alle rauchten – und mit ihnen auch viele Frauen. Natürlich rauchten auch Politiker Zigarren. So kam es, daß in den Hinterzimmern, in denen verhandelt wurde, häufig Rauchschwaden hingen.

Aber Zigarren riefen immer auch Gegner auf den Plan. Königin Victoria von England war für ihre heftige Mißbilligung jeder Form von Tabak bekannt. Die Erleichterung war deshalb groß, als ihr Sohn Edward 1901 im Alter von 61 Jahren den Thron bestieg und erklärte:»Gentlemen, fahren Sie fort zu rauchen.«

Viele der konservativen Kräfte in den USA, die den »Dämon Rum« bekämpft und 1919 schließlich die Prohibition durchgesetzt hatten, stritten auch gegen den Tabak. Sie setzten alles daran, im ganzen Land ihre Vorstellungen von Hygiene, Moral, Eßgewohnheiten und Kleidung zu verwirklichen. Sie verbreiteten auch die Auffassung, daß Rauchen nicht »ladylike« sei.

Im großen und ganzen waren die zwanziger Jahre nicht nur die »roaring twenties«, sondern auch die »rauchenden« Zwanziger. Vizepräsident Thomas Riley Marshall erklärte 1920 als Vorsitzender des US-Senats:»Was dem Land wirklich not tut,

Fidel Castro übernahm 1959 die Macht in Kuba.

ist eine gute Fünf-Cent-Zigarre.« Und jeder verstand ihn: Er hoffte, daß mehr Menschen dieses Vergnügen teilen könnten.

Während des Ersten Weltkrieges erlebte die Zigarette, die zuvor als weibliche Spielerei galt, enormen Auftrieb, da jeder Soldat sich ohne weiteres damit versorgen konnte. Aus Angst, Marktanteile zu verlieren, reagierte die Zigarrenindustrie eilig mit der Entwicklung von Mechanisierungsverfahren; die Preise fielen dramatisch, und bald schon konnten sich in den USA auch Arbeiter Zigarren leisten. In Europa dagegen wurden weiterhin handgerollte kubanische Premiumzigarren geraucht, allerdings nur in den wohlhabenden Gesellschaftsschichten.

Alfred Dunhill eröffnete 1907 in London ein Geschäft, das ausschließlich Tabakprodukte erster Qualität führte. Rudyard Kipling und Winston Churchill gehörten zu seinen Kunden. Dunhill war einer der ersten, der die Bedeutung der richtigen Lagerung von Zigarren erkannte.

Der Zweite Weltkrieg brachte einen weiteren Umbruch mit sich. Wegen des herrschenden Mangels an kubanischen Zigarren kaufte man jetzt Premiumzigarren aus der Kronkolonie Jamaika, was wesentlich zur Ausweitung der Zigarrenherstellung in der Karibik beitrug.

Der Krieg sicherte auch die Karriere von Zino Davidoff. Die Familie Davidoff war aus Kiew emigriert und hatte 1929 in Genf ihr erstes Tabakgeschäft eröffnet. Zino erwarb in den frühen 40er Jahren einen großen Bestand an Havannas aus dem Besitz der französischen Regierung von Vichy. Seither konnte er seine europäischen Kunden mit Zigarren beliefern, die nirgendwo sonst erhältlich waren.

Nach dem Zweiten Weltkrieg wurden kubanische Zigarren vor allem in den USA wieder populär, wo die Raucher vorher die maschinell produzierten heimischen Produkte bevorzugt hatten. Sowohl die echten Havannas als auch die »Clear Havannas«, also Zigarren, die ausschließlich aus importiertem Kubatabak bestanden, aber in den USA (ge-

Zigarren gehörten um die Jahrhundertwende zum Männerbild.

wöhnlich in Tampa) hergestellt wurden, fanden großen Zuspruch.

Im Jahr 1959 verhalf Fidel Castro in Kuba, wo die weltweit besten Premiumzigarren hergestellt wurden, der kommunistische Revolution zum Ausbruch. Die Beziehungen zwischen den USA und Kuba verschlechterten sich immer mehr, bis Präsident John F. Kennedy im Februar 1962 ein vollständiges

Das Handelsembargo, das Präsident Kennedy 1962 gegen Kuba verhängte, ist nach wie vor in Kraft.

Handelsembargo gegen die Inselnation verhängte – ein Embargo, das auch heute noch in Kraft ist.

Aufgrund der politischen Verhältnisse flohen viele kubanische Zigarrenproduzenten außer Landes und ließen sich anderswo nieder. Sie setzten oft ihre Arbeit unter denselben Markennamen fort, unter denen sie schon in Kuba bekannt waren. Castro-Anhänger verstaatlichten die aufgegebenen Firmen und führten sie ebenfalls unter den schon bekannten Markennamen weiter, was zu großer Verwirrung unter den Rauchern führte. So konnte beispielsweise eine *Punch* aus Kuba oder aus Honduras kommen, und eine *Partagás* konnte in der Dominikanischen Republik oder in Kuba gedreht worden sein. Um herauszufinden, ob eine *Cohiba*, *Montecristo*, *El Rey del Mundo*, *Romeo y Julieta*, *La Gloria Cubana*, *Fonseca* oder eine *H. Upmann* aus Kuba stammte oder nicht, blieb nur, nach dem kleinen »Habano« oder »Havana« auf der Bauchbinde zu suchen – sofern man nicht ohne weiteres ein kubanisches Deckblatt erkennen konnte.

Viele nichtkubanische Zigarrenhersteller erkannten die Chance, die sich ihnen durch das Handelsembargo gegen Kuba bot, und setzten alles daran, sie zu nutzen. Bald schon wurde der Markt mit einer Fülle neuer Premiumzigarren aus unterschiedlichen Ländern überschüttet. Alles war auf die Renaissance der Zigarre vorbereitet – es fehlte nur noch ein Katalysator.

In dieser Situation entstand 1992 die Zeitschrift *Cigar Aficionado*. Potentielle Raucher kauften sie, um mehr über Zigarren zu erfahren; langjährige Zigarrenraucher begrüßten sie als ein Forum, das gleichgesinnte Aficionados zusammenführte. Unter der wohlhabenden Bevölkerung setzte sich das Zigarrenrauchen immer mehr durch – und das sogar in der Öffentlichkeit. Im ganzen Land wurden plötzlich Zigarrendinners angeboten, bei denen man unter Gleichgesinnten ein gutes Essen mit dem exquisiten Vergnügen einer guten Zigarre verbinden konnte.

An der Schwelle zum 21. Jahrhundert steht man Zigarren wieder mit viel größerer Offenheit gegenüber, als dies lange Zeit der Fall war. Natürlich sind lautstarke Gegner nie verstummt, aber die Zigarrenbewegung ist zu groß geworden, als daß sie jetzt noch aufgehalten werden könnte. Sogar Politiker und Sportler, die schon immer Aficionados waren, lassen sich heute wieder mit Zigarre fotografieren.

In Hollywood hat es eigentlich schon immer Aficionados gegeben, die ihren Zigarren nie untreu geworden sind. Auch unter den heutigen Stars gibt es viele: Arnold Schwarzenegger, Tom Selleck, Bruce Willis, Sylvester Stallone, Bill Cosby, Jack Nicholson, Jim Belushi, Danny DeVito und Harvey Keitel haben sich schon mit Zigarre fotografieren lassen.

Auch viele Frauen haben sich den enthusiastischen Zigarrenrauchern angeschlossen. Für Gegner ist es daher schwierig geworden, das Zigarrenrauchen zu einem Mann-gegen-Frau-Thema zu stilisieren, wo doch heute häufiger Madonna, Linda Evangelista, Sharon Stone, Drew Barrymore, Whoopi Goldberg, Lauren Hutton, Demi Moore und viele andere zu sehen sind, wie sie genußvoll ihre Zigarren rauchen.

Es mehren sich die Anzeichen dafür, daß die diplomatische Eiszeit zwischen den USA und Kuba schließlich vorübergeht. Seit dem Ende des Kalten Krieges wird es für amerikanische Politiker immer schwieriger, Kuba weiterhin als legitimen Feind und als Bedrohung darzustellen. Wenn sich die Beziehungen zwischen den beiden Ländern normalisieren, können wir endlich feststellen, ob es anderen Ländern inzwischen gelungen ist, Kuba als Hersteller von Premiumzigarren allererster Qualität zu überholen.

Heute werden zwar weniger Zigarren geraucht als in den 70er Jahren, doch das Qualitätsbewußtsein ist stark gestiegen.

Nicht nur für Männer ...

Obwohl sich Zigarrenraucherinnen heute oft wie Pioniere fühlen, haben sie doch kein wirklich neues Gebiet erobert. Auch früher schon waren Frauen mit Zigarre kein ungewöhnlicher Anblick. First Lady Dolly Madison rauchte im Weißen Haus zwar keine Zigarren, genoß aber ihren Schnupftabak. First Lady Rachel Jackson dagegen sah man oft mit einer Zigarre in der Hand neben ihrem Ehemann, Präsident Andrew Jackson, am Kamin sitzen. Doch diese Raucherinnen sind von Puritanern erfolgreich aus dem öffentlichen Bewußtsein verdrängt worden. Zigarren galten als ungesund und unweiblich – Zigaretten waren angemessener für das schwache Geschlecht.

Die Tabuisierung rauchender Frauen hielt sich hartnäckig. Der russischer Edelmann Wilhelm de Lenz, der zu Besuch in Paris weilte, verließ noch 1845 lieber den Raum, als sich dem Anblick einer zigarrerauchenden Frau, nämlich der Schriftstellerin George Sand, auszusetzen. Noch schlimmer benahm sich der französische General Galliffet. Er sprach eine Frau an, die sich in seiner Anwesenheit eine Zigarre angezündet hatte, und schlug ihr vor, mit ihm zusammen die Herrentoilette aufzusuchen.

Auch wenn einige Männer sich zurückzogen, sobald eine Frau sich eine Zigarre ansteckte, so war dies nicht das Ergebnis einer Männerverschwörung. Es waren auch sehr viele Frauen an der Entstehung eines Bildes von Weiblichkeit beteiligt, demzufolge Zigarrenrauchen gewissermaßen unmöglich wurde.

Trotz dieser Sozialreformerinnen gab es immer wackere Damen, die weiterhin ihre Zigarren rauchten, allerdings nur selten in der Öffentlichkeit. Sogar bis in die 80er Jahre hinein

war es wahrscheinlicher, daß Frauen Zigarren verkauften als daß sie sie rauchten. Aus irgendwelchen Gründen hatten weder die sexuelle Revolution noch der Hedonismus der 60er und 70er Jahre dazu geführt, daß man den Frauen das Recht einräumte, guten Tabak zu genießen. Wer es wagte, in der Öffentlichkeit zu rauchen, mußte

Demi Moore

mit Kritik auch von Frauen rechnen; und viele Frauen beweisen noch heute ihre häusliche Autorität, indem sie zu Hause ein Rauchverbot aussprechen.

Die Zigarren von Rachel Jackson wären heute im Weißen Haus gar nicht willkommen, denn Hillary Rodham Clinton hat das Rauchen dort verboten. Doch irgendwann in den 90er Jahren wandelte sich das Bild, und man sah in der Öffentlichkeit viele Frauen, die sich stolz eine Zigarre anzündeten. Besonders in Europa ist es gar nicht ungewöhnlich, gut gekleidete Frauen mit einer Zigarre in der Hand zu sehen. In den USA dagegen hält sich das alte Vorurteil, daß Zigarrenrauchen unweiblich sei. Hinzu kommen die anzüglichen Kommentare mancher Flegel, die in der Zigarre ein Phallussymbol sehen.

Eine rauchende Frau zieht noch immer die Aufmerksam-

Whoopi Goldberg

keit auf sich, und die Werbung und die Filmindustrie machen sich dies zunutze. Zahlreiche Anzeigen und Artikel zeigen Frauen, die rebellisch, exzentrisch und vielleicht sogar unanständig wirken – und das nur, weil sie an einer Zigarre ziehen. Der Kinohit »Der Club der Teufelinnen« aus dem Jahr 1996 ist dafür ein gutes Beispiel. Die Werbekampagne für den Film zeigte Bette Midler, Goldie Hawn und Diane Keaton als rachsüchtige Ehefrauen, die sich an ihren Männern rächen wollen, da diese ihnen untreu geworden sind. Bei allen Racheplänen schwenken sie stolz und drohend ihre billigen Zigarren.

Zweifellos rauchen einige Frauen auch wegen der Wirkung, die das auf das andere Geschlecht hat. Auf viele Männer wirkt eine Frau, die Zigarren raucht, unwiderstehlich sexy; zumindest ist eine Zigarre ein guter Anknüpfungspunkt für ein Gespräch. Madonna allerdings lehrte David Letterman bei ihrem berüchtigten Auftritt in seiner »Late Show« mit Hilfe ihrer Zigarre das Fürchten. Und auch für viele Männer ist Zigarrenrauchen eher Zierrat als Genuß.

Zu den großen zigarrenrauchenden Frauen der Vergangenheit gehören unter anderem:

- Greta Garbo
- Colette
- Gertrude Stein
- Bette Davis
- George Sand – nach der sich so manche Zigarren-Gesellschaft benannt hat;
- Marlene Dietrich – als sie damals im Herrenanzug und mit einer Zigarre in der Hand auftrat, wurde das als skandalös empfunden – und als herrlich erotisch;
- Katharina die Große – einer Legende nach hat sie die Bauchbinde der Zigarre erfunden, damit ihre Handschuhe nicht schmutzig wurden.

Zu den bekannten Zigarrenraucherinnen heute gehören:

- Jodie Foster
- Prinzessin Margaret
- Demi Moore
- Whoopi Goldberg
- Ellen Barkin
- Linda Evangelista
- Lauren Hutton
- Madonna
- Sharon Stone
- Nicole Kidman

Marlene Dietrich kümmerte sich nicht um die Tabuisierung rauchender Frauen.

Europa und Deutschland

Vergleichsweise ein Paradies für den amerikanischen Kuba-Raucher ist Europa, vor allem Spanien und Deutschland. Traditionell hat Spanien sehr gute Beziehungen zu seiner früheren Kolonie Kuba und erhält sowohl in Auswahl als auch in Stückzahl die größten Mengen in Europa. Deutschland ist der größte Markt in Europa und verfügt über ein engmaschiges Fachhändlernetz (s. S. 208), das die Mehrzahl der kubanischen Marken präsentiert. Dafür dürfen aus namensrechtlichen Gründen – die EG akzeptiert im Gegensatz zur USA die Markenansprüche Kubas – einige in den USA gebräuchliche Marken wie *Hoyo de Monterrey* aus Honduras und *H. Upmann* aus der Dominikanischen Republik nicht eingeführt werden. Eine wichtige Rolle spielt in Deutschland und den Niederlanden eine bemerkenswerte landestypische Zigarrenproduktion, die sich auf maschinell hergestellte Shortfiller aus brasilianischen sowie Sumatra- und Java-Tabake konzentriert. Ein wenig Havanna-Tabak wird für die pikante Würzung verwendet. Während für Longfiller, die in der Karibik aufgrund der preiswerten Handarbeit nie zur Diskussion standen, der Länge nach ganze Tabakblätter mit der Hand gerollt werden, besteht der deutsch/holländische Shortfiller aus zerkleinertem Tabakgut und einer Vielzahl verschiedener Tabake. In der Regel wird der Tabak maschinell verarbeitet, Spezialitäten werden von kleineren Betrieben wie August Schuster aus Bünde noch mit der Hand überrollt. In jedem Fall kann die Mischung eines Shortfillers einfacher auf gleichbleibendem Qualitätsniveau gehalten werden, zudem ist das Zugverhalten von Hause aus besser als beim Longfiller. So zählen Marken wie *Bethan, Justus van Maurik, Hajenius* und *Lepanto* seit vielen Jahrzehnten zu den Lieblingen des deutschen Rauchers. Begleitet wird der aktuelle deutsche Zigarrentrend nicht nur von dem seit drei Jahren existierenden Genießermagazin PIPE & CIGAR, sondern auch von einer Vielzahl von Cigar Nights, die Hersteller und Fachhändler durchführen – und natürlich von privaten Clubs. Seit 1997 existiert in Hamburg die exklusive Havanna Lounge mit einer der größten begehbaren Klimaräume der Welt, mittlerweile mit Ablegern in Frankfurt, Berlin und Hannover. Außerdem unterhalten verschiedene Spitzen-Hotels wie das Hilton in München oder das Kempinski in Neu-Isenburg bei Frankfurt spezielle Lounges, wo, wie in den USA, der Gast sein eigenes klimatisiertes Fach für seine Zigarren anmieten kann.

Unglaubliche Geschichten und Legenden aus dem Rauchsalon

Zur Freude an guten Zigarren gehören auch die Legenden, die sich um sie ranken. Ich gebe hier nur einige Beispiele. Mehr davon können Sie in guten Zigarrengeschäften hören.

L. Frank Baum: Den Verfasser des »Zauberers von Oz« konnte man oft mit einer erloschenen Zigarre im Mund beobachten. Als er eines Tages am Strand darauf angesprochen wurde, erklärte er, daß er nicht schwimmen könne und sie anzünde, wenn er ins Meer ginge. Wenn sie erlösche, sei das

Thomas Edison: Ein fehlgeschlagener Versuch?

Wasser zu tief. Darauf ging er ins Wasser, um das Gesagte zu demonstrieren, und sagte anschließend: »Wenn die Zigarre nicht gewesen wäre, wäre ich ertrunken.«

Boris Becker: Der deutsche Tennis-Profi sorgte im deutschen Fernsehen für Furore, als er als aktiver Sportler vor laufender Kamera nicht nur zum Glas Rotwein, sondern auch zur Zigarre griff. Warum auch nicht!

Johannes Brahms: Der deutsche Komponist war fanatischer Zigarrenraucher. In seiner Wohnung standen überall Aschenbecher, er wurde sogar einmal beim Schmuggeln von Zigarren in seinem Holzbein erwischt.

Sigmund Freund (links, sitzend) sagte einmal: »Aber eine Zigarre kann trotz allem nichts weiter als eine Zigarre sein.«

Art Buchwald: Dem Komiker wird nachgesagt, daß er sogar beim Tennisspielen Zigarren rauchte.

Lord Byron: Der Dichter schrieb eine Ode an die Zigarre mit dem Titel »Sublime Tobacco«.

Carmen: Die gleichnamige Figur aus Prosper Mérimées Novelle gilt als Inkarnation der zigarrenrauchenden Frau. Sie arbeitete in der berühmten „Fabrica real de tabacos" in Sevilla, und seitdem läßt sich der Irrglauben nicht ausrotten, daß Zigarren auf den heißen, nackten Oberschenkel brauner, weiblicher Schönheiten gerollt werden.

Fidel Castro: Der Vater der kubanischen Revolution hat seit einigen Jahren seiner geliebten Havanna abgeschworen. Er wollte dem notleidenden kubanischen Volk ein gutes Beispiel der Enthaltsamkeit geben.

Winston Churchill: Der englische Staatsmann wollte sich eines Tages einer Verabredung entziehen. Er beauftragte seinen Kammerdiener, die Tür zu öffnen und dabei eine seiner Zigarren zu rauchen. Damit sollte der Besuch davon überzeugt werden, daß er, Churchill, sicher nicht im Haus sei.

William Jefferson Clinton: Der Präsident raucht keine Zigarren in der Öffentlichkeit, und man streitet sich nach wie vor, ob er sie privat raucht oder nicht. Aber es ist bekannt, daß er auf dem Golfplatz Zigarren im Mund hat.

Francis Ford Coppola: Der preisgekrönte Regisseur besitzt einen Zigarrenanschneider aus Gold und Silber, der einst dem Hollywood-Studiochef Jack Warner gehörte. Vor Warner gehörte er zum Besitz von Lord Mountbatten.

Zino Davidoff: Von diesem Zigarrenexperten stammt der berühmte Satz: »Die beste Zigarre, die Sie rauchen können, ist die, die Sie gerade rauchen.«

Jefferson Davis: Vor dem inneramerikanischen Sezessionskrieg rauchte der künftige Präsident der Konföderation Zigarren mit seinem Schwiegervater, dem amtierenden Präsidenten Zachary Taylor.

Thomas Alva Edison: Der große Erfinder wollte alle diejenigen täuschen, die ihm seine Havannas mausten. Er hatte sich deshalb falsche Zigarren besorgt: Kohlblätter, die in braunes Papier eingewickelt waren. Angeblich verlor er bald den Überblick und rauchte schließlich selbst die gefälschten Zigarren.

Edward VII. von England: Sofort nach dem Tod seiner Mutter Queen Victoria hob er das von ihr verhängte Rauchverbot auf und forderte die Anwesenden auf: »Meine Herren, fahren Sie fort zu rauchen.«

Ludwig Erhard: Der Vater des deutschen Wirtschaftswunders rauchte mit Vorliebe Keulen- und Spitzformate verschiedener Hersteller (u.a. aus dem Hause August Schuster in Bünde und Dannemann, Lübbecke). Das Markenbewußtsein war damals noch nicht stark ausgeprägt. Nach eigener Aussage verlieh ihm das preiswerte Vergnügen Muße und Ruhe. Damals rauchte man Zigarre noch mit Mundstück, was nicht nur filterte, sondern auch die Tabakstückchen des Shortfillers zurückhielt.

Sigmund Freud: Der passionierte Raucher geriet ganz durcheinander, wenn er keine Zigarre zur Hand hatte.

Oscar Hammerstein I.: Der Großvater von Oscar II., dem bekannten Verseschmied vom Broadway, war ein berühmter Opernmanager, seine eigentliche Leidenschaft galt aber den

Babe Ruth mit Schläger und Zigarre

Zigarren. Er erfand eine Maschine zur Herstellung von Zigarren und rollte täglich von Hand 25 Stück für den eigenen Verbrauch. Mit dem Kapital seiner außergewöhnlich ertragreichen Zigarrenunternehmungen finanzierte er den Bau mehrerer Theater. Man kann daher sagen, daß der Times Square durch Zigarren finanziert wurde.

Oscar Hammerstein II.: Er arbeitete mit Richard Rogers zusammen und war der Enkel jenes Oscar Hammerstein, der eine Zigarrenmaschine erfand, eine Tabakzeitschrift herausgab und mit den erzielten Gewinnen Theater bauen ließ.

Hauser & Kienzle: Das deutsche Journalistenpärchen greift hin und wieder zur Zigarre. Hauser nutzt es als gelungene Abwechslung zu seiner geliebten Pfeife. Kienzle genießt gerne auch einmal die »kommunistische« Havanna. Beim Genuß kennen beide keine ideologischen Grenzen.

Theodor Heuss: Der erste deutsche Bundespräsident rauchte mit Vorliebe Sumatras. Als sparsamer Schwabe rauchte er sie bis zum »bitteren« Ende, mit der Begründung, daß sie dann erst ihre volle Kraft entwickeln würden.

Katharina die Große: Die russische Zarin wickelte angeblich ihre Zigarren in Seide ein, um ihre Finger vor Tabakflecken zu schützen. Dies habe schließlich zur Entstehung der Bauchbinde geführt. Wahrscheinlicher ist allerdings, daß der Fabrikbesitzer Gustav Bock die Bauchbinde erfand.

John F. Kennedy: Der junge Präsident der USA hatte seinem Vertrauten Pierre Salinger aufgetragen, noch schnell gut 1000 kubanische Zigarren als Vorrat anzulegen, bevor er das Handelsembargo gegen Kuba unterzeichnete.

Lenin: Zino Davidoff erzählte gern, daß einer der Stammkunden des Zigarrengeschäfts seiner Familie in Kiew ein Mann namens Wladimir Uljanow gewesen sei, der später als Lenin bekannt wurde. Er rauchte »Papirossy« mit einer Pappspitze.

Franz Liszt: Auf seinen Reisen hatte der Musiker immer einen großen Humidor dabei.

Thomas Mann: Die bevorzugte Zigarre des deutschen Literatur-Nobelpreisträgers war die Maria Mancini. Diese Zigarre läßt Mann im »Zauberberg« auch seine Hauptfigur Hans Castorp rauchen, der mit 200 Stück im Handgepäck nach Davos reist, dort in der Höhenluft aber den Spaß am Zigarrerauchen verliert.

José Martí: Der legendäre kubanische Revolutionär und Schriftsteller schickte seinen Genossen die Botschaft, die den Aufstand gegen die spanische Herrschaft auslöste, eingerollt in eine Zigarre.

Graucho Marx: In Graucho Marx' Show »You bet your life« trat einmal eine Frau Story auf, die behauptete, 22 Kinder geboren zu haben. »Ich liebe meinen Mann«, war ihre Erklärung. Marx' spöttische Antwort darauf: »Ich liebe meine Zigarre auch, aber ab und zu nehme ich sie doch mal aus dem Mund.«

Karl Marx: Der Verfasser des »Kommunistischen Manifests« rauchte ausschließlich billigste Zigarren. Sein Weggenosse Karl Liebknecht erzählt in seinem Buch über Marx, daß ihm Freunde billigste Zigarren aus dem Proletarierviertel »Westend« unterjubelten und ihm vorgaukelten, es seien beste Havannas. Zigarrenignorant Karl Marx fiel darauf rein und lobte sie als feinste Havannas!

Napoleon III. von Frankreich: Als man Napoleon einst aufforderte, das Rauchen zu verbieten, erwiderte der Kaiser: »Dieses Laster bringt jährlich 100 Millionen an Steuern in die Staatskasse. Ich werde es sofort verbieten lassen, wenn Sie mir eine Tugend nennen, die ebensoviel einbringt.«

Hardy Rodenstock: Der Deutsche ist nicht nur weltbekannt für seine exquisite Weinsammlung und einschlägigen Auktionen, seit 1998 hat er auch eine eigene gleichnamige dominikanische Zigarre im Format Churchill und Robusto.

Arthur Rubinstein: Der berühmte Pianist erwarb eine Tabakpflanzung auf Kuba. Die daraus hergestellten Zigarren trugen eine Bauchbinde mit seinem Portrait.

Babe Ruth: Als der Bambino noch in Boston spielte, bevor er zu den Yankees ging, investierte er in eine Bostoner Zigarrenfabrik, die eine Fünf-Cent-Zigarre herstellte, deren Bauchbinde sein Bild trug.

Anna Sacher: Die Gründerin des Wiener Luxus-Hotels war ohne ihre Zigarre undenkbar. Viele Gemälde aus der Zeit zeigen sie mit einer großen Zigarre in der Hand, in der ersten Dependance des Hauses Sacher in Innsbruck sieht man Frau Sacher als lebensgroße Puppe im Schaufenster, natürlich mit Zigarre.

George Sand: Die französische Schriftstellerin schockierte ihre Zeitgenossen, indem sie Männerkleidung trug, und ihre vielen Liebhaber, indem sie zum Frühstück riesige Zigarren rauchte.

Gerhard Schröder: Markenbewußt gibt sich der aktuelle deutsche Bundeskanzler. Seine Lieblingsmarke ist die hochpreisige Cohiba, im Speziellen das Format Esplendidos. Bei durchschnittlich zwei Zigarren am Tag läßt der Sozialdemokrat auf diese Weise rund 3000 DM monatlich in Luft aufgehen.

Heinz Schubert: In der Kultserie »Ein Herz und eine Seele« rauchte der Schauspieler Schubert, alias Alfred Tetzlaff, regelmäßig seine »Handelsgold«, die dem kleinen Mann die richtige Größe verlieh.

Arnold Schwarzenegger: Der Muskelmann hat in den USA den Zigarren-Boom mit begründet. Privat soll er eine gute Pfeife vorziehen. Wegen seiner zahlreichen Werbeverträge zeigt er sich öffentlich aber nie mit Pfeife.

Sibelius: Der große finnische Komponist nützte seine Freundschaft mit Churchill weidlich aus, der ihn mit Zigarren versorgte.

Mark Twain: Der vielzitierte Zigarrenraucher sagte einmal, er wolle nicht in den Himmel kommen, wenn er dort nicht rauchen dürfe.

Pancho Villa: Der mexikanische Bandit und Rebell wies seine Männer an, nach dem Frühstück eine Zigarre zu rauchen.

John Wayne: Der Duke mochte es groß, und so rauchte er maßgefertigte Zigarren, die größer waren als die üblichen.

ZIGARRENVERZEICHNIS

LEGENDE	
AL CAPONE	**Handelsname**
Nicaragua	**Herkunftsland**
C/D	**Stärke: A** = mild, **B** = mild bis mittelschwach, **C** = mittel,
	D = mittel bis mittelstark, **E** = stark
Nestor Plasencia	**Hersteller**
Corona Grande	**Name der Zigarre**
6¾" (171)	**Länge (L) mit Millimeterangabe in Klammern**
43	**Ringmaß (R)**
83	**Bewertung (B) von *Cigar Aficionado*** (Skala von 50 bis 100)

	L	R	B
AL CAPONE			
Nicaragua **C/D**			
Nestor Plasencia			
Corona Grande	6¾" (171)	x 43	83
Robusto	4¾" (121)	x 50	
AROMAS DE SAN ANDRES			
Mexiko **B**			
Tabacos Santa Clara			
Aficionado	6" (152)	x 50	
Aficionado Maduro	6" (152)	x 50	
Gourmet Tube	6⅛" (156)	x 42	
Maxmillian	7½" (191)	x 52	
Maxmillian Maduro	7½" (191)	x 52	
Robusto	5" (127)	x 50	83
Robusto Maduro	5" (127)	x 50	
ARTURO FUENTE			
Dominikanische Republik **D**			
Tabacalera A. Fuente y Cia.			
Brevas Royale	5½" (140)	x 42	
Brevas Royale Maduro	5½" (140)	x 42	
Cañones	8½" (216)	x 52	
Cañones Maduro	8½" (216)	x 52	
Chateau Fuente	4½" (114)	x 50	85
Chateau Fuente			
Robusto	6" (152)	x 50	88
Chateau Fuente Royal			
Salute	7⅝" (194)	x 54	86
Chateau Fuente Royal			
Salute Maduro	7⅝" (194)	x 54	
Churchill	7¼" (184)	x 48	89
Churchill Maduro	7" (178)	x 48	85
Corona Imperial	6½" (165)	x 46	
Corona Imperial			
Maduro	6½" (165)	x 46	86
Cuban Corona	5¼" (133)	x 45	
Cuban Corona Maduro	5¼" (133)	x 45	

	L	R	B
Curly Head	6½" (165)	x 43	
Curly Head Maduro	6½" (165)	x 43	
Curly Head Deluxe	6½" (165)	x 43	
Curly Head Deluxe			
Maduro	6½" (165)	x 43	
Dantes	7" (178)	x 52	
Dantes Maduro	6⅞" (175)	x 49	
Don Carlos #3	5½" (140)	x 44	90
Don Carlos Robusto	5" (127)	x 50	87
Double Chateau Fuente	6¾" (171)	x 50	89
Double Chateau Fuente			
Maduro	6¾" (171)	x 50	
8-5-8	6" (152)	x 47	86
Flor Fina 8-5-8	6" (152)	x 47	86
Fumas	7" (178)	x 44	
Fumas Maduro	7" (178)	x 44	
Hemingway Classic	7" (178)	x 48	86
Hemingway			
Masterpiece	9¼" (235)	x 52	86
Hemingway Short			
Story	4¼" (108)	x 48	89
Hemingway Signature	6" (152)	x 47	89
Panatela Fina	7" (178)	x 38	85
Panatela Fina Maduro	7" (178)	x 38	
Petit Corona	5" (127)	x 38	86
Petit Corona Maduro	7" (178)	x 38	
Rothschild	4½" (114)	x 50	86
Rothschild Maduro	4½" (114)	x 50	
Selección d'Or			
Churchill	7¼" (184)	x 48	
Selección d'Or			
Corona Imperial	6½" (165)	x 46	
Selección d'Or			
Privada #1	6¾" (171)	x 44	85
Spanish Lonsdale	6½" (165)	x 42	88
Spanish Lonsdale			
Maduro	6½" (165)	x 42	

	L	R	B
ASHTON			
Dominikanische Republik D			
Tabacalera A. Fuente y Cia.			
Aged Maduro #10	5" (127)	x 50	83
Aged Maduro #20	5½" (140)	x 44	86
Aged Maduro #30	6¾" (171)	x 44	87
Aged Maduro #40	6" (152)	x 50	85
Aged Maduro #50	7" (178)	x 48	86
Aged Maduro #60	7½" (191)	x 52	84
Cabinet Selection #1	9" (229)	x 52	87
Cabinet Selection #2	7" (178)	x 46	87
Cabinet Selection #3	6" (152)	x 46	88
Cabinet Selection #6	5½" (140)	x 52	87
Cabinet Selection #7	6¼" (159)	x 52	88
Cabinet Selection #8	7" (178)	x 49	
Cabinet Selection #10	7½" (191)	x 52	89
Churchill	7½" (191)	x 52	85
Cordial	5" (127)	x 30	85
Corona	5½" (140)	x 44	84
Double Magnum	6" (152)	x 50	87
8-9-8	6½" (165)	x 44	86
Elegante	6½" (165)	x 35	82
Magnum	5" (127)	x 50	87
Panatela	6" (152)	x 36	84
Prime Minister	6⅞" (175)	x 48	84

ASTRAL			
Honduras C			
UST International Inc.			
Besos	5" (127)	x 52	89
Favorito	7" (178)	x 48	83
Lujos	6½" (165)	x 44	84
Maestro	7½" (191)	x 52	
Perfeccion	7" x (178)	x 48	85

AVO			
Dominikanische Republik D			
Tabacos Dominicanos S.A.			
Belicoso	6" (152)	x 50	87
No. 1	6⅔" (169)	x 42	86
No. 2	6" (152)	x 50	88
No. 3	7½" (191)	x 52	84
No. 4	7" (178)	x 38	81
No. 5	6¾" (171)	x 46	87
No. 6	6½" (165)	x 36	88
No. 7	6" (152)	x 44	87
No. 8	5½" (140)	x 40	87
No. 9	4¾" (121)	x 48	83
Petit Belicoso	4¾" (121)	x 50	86
Pyramid	7" (178)	x 54	86

AVO XO			
Dominikanische Republik D			
Tabacos Dominicanos S.A.			
Intermezzo	5½" (140)	x 50	83
Maestoso	7" (178)	x 48	86
Preludio	6" (152)	x 40	87

	L	R	B
BACCARAT HAVANA SELECTION			
Honduras C			
Agroindustrias Laepe			
Bonita	4½" (114)	x 30	
Churchill	7" (178)	x 48	84
Churchill Maduro	7" (178)	x 50	85
Luchadores	6" (152)	x 43	83
No. 1	7" (178)	x 44	80
Panatela	6" (152)	x 38	81
Petit Corona	5½" (140)	x 42	87
Platinum	4⅞" (124)	x 32	
Polo	7" (178)	x 52	
Robusto	5" (127)	x 50	84
Rothschild	5" (127)	x 50	82
Rothschild Maduro	5" (127)	x 50	

BAHIA			
Costa Rica B/C			
Tony Borhani Cigars			
Churchill	6⅞" (175)	x 48	
Double Corona	8" (203)	x 50	
Esplendido	6" (152)	x 50	
No. 3	6" (152)	x 46	
No. 4	5½" (140)	x 42	
Robusto	5" (127)	x 50	

BALLENA SUPREMA			
Honduras C			
Consolidated Cigar Corp.			
No. 744D Ventaja	7" (178)	x 44	
No. 747D Alma	7" (178)	x 47	
No. 754D Capitán	7" (178)	x 54	
No. 850D Encanto	8" (203)	x 50	

BANCES			
Honduras C			
Villazon & Co.			
Brevas	5½" (140)	x 43	86
Brevas Maduro	5½" (140)	x 43	
Cazadores	6¼" (159)	x 43	78
Cazadores Maduro	6¼" (159)	x 43	
Corona Inmensa	6¾" (171)	x 48	87
Crown	4" (102)	x 35	
Crown Maduro	5¾" (146)	x 50	
Demi Tasse Maduro	4" (102)	x 35	
El Prado Maduro	6¼" (159)	x 36	
Havana Holder	6½" (165)	x 30	
No. 1	nicht erhältlich		
Palma	6" (152)	x 42	
President	8½" (216)	x 52	89
Unique	5½" (140)	x 38	81

BAUZA			
Dominikanische Republik D			
Tabacalera A. Fuente y Cia.			
Casa Grande	6¾" (171)	x 48	84
Fabuloso	7½" (191)	x 50	86

	L	R	B
Florete	6⅞" (175)	x 35	82
Grecos	5½" (140)	x 42	85
Jaguar	6½" (165)	x 42	83
Medaille D'Oro No. 1	6⅞" (175)	x 44	86
Petit Corona	5" (127)	x 38	84
Presidente	7½" (191)	x 50	
Robusto	5½" (140)	x 50	87

BELINDA
Honduras   C
Villazon & Co.

	L	R	B
Ammo Box	6" (152)	x 44	
Ammo Box Maduro	6" (152)	x 44	
Belinda	6½" (165)	x 36	87
Brevas a la Conserva	5½" (140)	x 43	87
Cabinet	5⅝" (143)	x 45	85
Corona Grande	6¼" (159)	x 44	85
Excellente	6" (152)	x 50	84
Excellente Maduro	6" (152)	x 50	
Glass Humidor	6" (152)	x 43	
Medaglia d'Oro	4½" (114)	x 50	84
Mina	5⅜" (137)	x 28	
Prime Minister	7½" (191)	x 50	91
Prime Minister Maduro	7½" (191)	x 50	
Ramon	7¼" (184)	x 47	
Robusto en Cedro	4½" (114)	x 50	
Robusto en Cedro Maduro	4½" (114)	x 50	

BERING
Honduras   B
Nestor Plasencia

	L	R	B
Baron	7¼" (184)	x 42	86
Baron Maduro	7¼" (184)	x 42	
Casino	7⅛" (181)	x 42	79
Cazadores	6¼" (159)	x 45	
Corona Grande	6¼" (159)	x 46	83
Corona Royale	6" (152)	x 41	87
Coronado	5³⁄₁₆" (132)	x 45	85
Gold #1	6¼" (159)	x 33	83
Grande Wood	8½" (216)	x 52	
Hispanos	6" (152)	x 50	85
Hispanos Maduro	6" (152)	x 50	
Imperial	5¼" (133)	x 42	84
Inmensa	7⅛" (181)	x 45	
Inmensa Maduro	7⅛" (181)	x 45	
Plazas	6" (152)	x 43	87
Robusto	4¾" (121)	x 50	80
Torpedo	7" (178)	x 54	

BOLIVAR
Kuba   D

	L	R	B
Belicoso Fino	5½" (140)	x 52	90
Bonitas	4⅞" (124)	x 40	
Corona	5½" (140)	x 42	91
Corona Extra	5¾" (146)	x 46	87
Corona Gigantes	7" (178)	x 47	90

	L	R	B
Corona Junior	5⅓" (135)	x 42	
Demi Tasse	4" (102)	x 30	
Gold Medal	6½" (165)	x 42	90
Inmensa	6⅔" (169)	x 43	87
Lonsdales	6½" (165)	x 42	
Palmas	7" (178)	x 33	
Petit Corona	5" (127)	x 42	87
Regentes	4⅞" (124)	x 34	
Royal Coronas	5" (127)	x 50	95
Suprema Churchill	7" (178)	x 47	

C.A.O.
Honduras   C
Nestor Plasencia

	L	R	B
Churchill	8" (203)	x 50	
Churchill Maduro	8" (203)	x 50	85
Corona	6" (152)	x 42	87
Corona Maduro	6" (152)	x 42	
Corona Gorda	6" (152)	x 50	85
Corona Gorda Maduro	6" (152)	x 50	
Lonsdale	7" (178)	x 44	85
Petit Corona	5" (152)	x 40	
Presidente	7½" (191)	x 54	
Presidente Maduro	7½" (191)	x 54	
Robusto	4½" (114)	x 50	86
Robusto Maduro	4½" (114)	x 50	84
Triangulare	7" (178)	x 54	86
Triangulare Maduro	7" (178)	x 54	

C.A.O. GOLD
Nicaragua   C
Nestor Plasencia

	L	R	B
Churchill	7" (178)	x 48	
Corona	5½" (140)	x 42	
Corona Gorda	6½" (165)	x 50	86
Double Corona	7½" (191)	x 54	
Robusto	5" (127)	x 50	89

CABALLEROS
Dominikanische Republik   C
Manufactura de Tabacos S.A. de C.V.

	L	R	B
Churchill	7" (178)	x 50	85
Corona	5¾" (146)	x 43	83
Double Corona	6¾" (171)	x 48	
Petit Corona	5½" (140)	x 42	
Rothschild	5" (127)	x 50	82

CABAÑAS
Dominikanische Republik   C
Consolidated Cigar Corp.

	L	R	B
Corona	5½" (140)	x 42	84
Exquisito Maduro	6½" (165)	x 48	84
Premiers	6⅝" (168)	x 42	
Royale	5⅝" (143)	x 46	83

Stärke: A = mild, **B** = mild bis mittelschwach, **C** = mittel, **D** = mittel bis mittelstark, **E** = stark

	L	R	B
CACIQUE			
Dominikanische Republik C			
Tabacos Dominicanos S.A.			
Apache	6" (152)	x 50	81
Apache Maduro	6" (152)	x 50	
Azteca	4¾" (121)	x 50	
Azteca Maduro	4¾" (121)	x 50	
Caribes	6⅞" (175)	x 46	
Incas	7½" (191)	x 50	
Jaragua	6¾" (171)	x 36	
No. 3	6¾" (171)	x 36	82
No. 7	6⅞" (175)	x 46	86
Siboneyes	6¾" (171)	x 43	
Tainos	6" (152)	x 42	

	L	R	B
CALIXTO LOPEZ			
Philippinen C			
La Flor de la Isabella, Inc.			
Corona Exquisto	5⅜" (137)	x 43	
Corona Numero 1	6⅜" (162)	x 45	
Czars	8" (203)	x 45	
Gigantes	8½" (216)	x 50	
Lonsdale Suprema	6¾" (171)	x 42	
Palma Royale	7¼" (184)	x 36	

	L	R	B
CALLE OCHO			
USA & Dominikanische Republik C			
Caribbean Cigar Co.			
Churchill	7¼" (184)	x 50	
Doble	7½" (191)	x 46	
Embajador	9" (229)	x 60	81
Festivale	5½" (140)	x 44	
Gordito	5" (127)	x 50	85
Gordito Largo	6" (152)	x 50	80
Immenso	7½" (191)	x 54	
Laguito	7½" (191)	x 38	
Niñas	5" (127)	x 38	
Perfect Corona	6½" (165)	x 42	
Pyramid	7¼" (184)	x 54	
Torpedo	6½" (165)	x 54	

	L	R	B
CAMACHO			
Honduras C			
Caribe Imported Cigars Inc.			
Cazadores	6½" (165)	x 44	
Cetros	6½" (165)	x 44	
Cetros Maduro	6½" (165)	x 44	
Churchill	7" (178)	x 48	85
Churchill Maduro	7" (178)	x 48	
Conchitas	5½" (140)	x 32	
Conchitas Maduro	5½" (140)	x 32	
El Cesar	8½" (216)	x 52	
El Cesar Maduro	8½" (216)	x 52	
Elegante	6⅛" (156)	x 38	
Elegante Maduro	6⅛" (156)	x 38	
Executive	7¾" (197)	x 50	
Executive Maduro	7¾" (197)	x 50	

	L	R	B
Monarca	5" (127)	x 50	82
Monarca Maduro	5" (127)	x 50	
Nacionales	5½" (140)	x 44	85
Nacionales Maduro	5½" (140)	x 44	
No. 1	7" (178)	x 44	76
No. 1 Maduro	7" (178)	x 44	
Palmas	6" (152)	x 43	
Palmas Maduro	6" (152)	x 43	
Pan Especial	7" (178)	x 36	
Pan Especial Maduro	7" (178)	x 36	

	L	R	B
CAMÓRRA			
Honduras C			
Justo Eiroa			
Capri	5½" (140)	x 32	85
Genova	5½" (140)	x 44	
Napoli	6⅛" (156)	x 38	
Padova	5" (127)	x 44	
Roma	5" (127)	x 50	81
San Remo	7" (178)	x 48	
Venizia	6½" (165)	x 44	

	L	R	B
CANARIA D'ORO			
Dominikanische Republik C			
General Cigar Co.			
Babies	4¼" (108)	x 32	
Corona	5½" (140)	x 43	84
Fino	6" (152)	x 31	84
Inmenso	5½" (140)	x 49	83
Lonsdale	5½" (140)	x 43	83
Rothschild	4½" (114)	x 50	88
Rothschild Maduro	4½" (114)	x 49	86
Supremo	7" (178)	x 45	85

	L	R	B
CANONERO			
Brasilien A			
Menendez Amerino & Cia. Ltda.			
#1 Double Corona	7½" (191)	x 50	
#2 Rothschild	5½" (140)	x 50	
#3 Robusto	5" (127)	x 52	
#4 Churchill	7" (178)	x 46	
#10 Lonsdale	6½" (165)	x 42	
#20 Corona	5½" (140)	x 42	
#30 Potra	4¼" (108)	x 38	

	L	R	B
CARLOS TORAÑO			
Dominikanische Republik C			
Cuervo y Hermano			
Carlos I	6" (152)	x 50	
Carlos II	6¾" (171)	x 43	
Carlos III	7½" (191)	x 52	
Carlos IV	5¾" (146)	x 43	
Carlos V	6" (152)	x 46	
Carlos VI	7" (178)	x 48	
Carlos VII	4¾" (121)	x 52	
Carlos VIII	6½" (165)	x 36	

	L	R	B
CARMEN			
Honduras			
Carmen			
Churchill	7" (178)	x 48	
Corona	5¾" (146)	x 43	
Presidente	7¾" (197)	x 50	
Pyramid	6½" (165)	x 58	
Robusto	4¾" (121)	x 52	
Toro	6" (152)	x 50	
CARRINGTON			
Dominikanische Republik **B**			
Tabacos Dominicanos S.A. & Puros de			
Villa Gonzalez S.A.			
I	7½" (191)	x 50	
II	6" (152)	x 42	87
III	7" (178)	x 36	85
IV	5½" (140)	x 40	80
V	6⅞" (175)	x 46	87
VI	4½" (114)	x 50	78
VII	6" (152)	x 50	79
VIII	6⅞" (175)	x 60	87
CASA BLANCA			
Dominikanische Republik **C**			
Manufactura de Tabacos S.A. de C.V.			
Bonita	4" (102)	x 36	
Corona	5½" (140)	x 42	89
Deluxe	6" (152)	x 50	85
Deluxe Maduro	6" (152)	x 50	87
Half Jeroboam	5" (127)	x 66	
Half Jeroboam Maduro	5" (127)	x 66	
Jeroboam	10" (254)	x 66	86
Jeroboam Maduro	10" (254)	x 66	
Lonsdale	6½" (165)	x 42	84
Lonsdale Maduro	6½" (165)	x 42	
Magnum	7" (178)	x 60	
Magnum Maduro	7" (178)	x 60	
Panatela	6" (152)	x 36	84
Presidente	7½" (191)	x 50	84
Presidente Maduro	7½" (191)	x 50	83
CELESTINO VEGA			
Indonesien **C**			
Caribbean Cigar Co.			
Borobudur	3⅝" (92)	x 20	
Corona	4¾" (121)	x 40	
Half Corona	4½" (114)	x 36	
Panatela	5" (127)	x 32	
Senorita	4⅛" (105)	x 32	
Slim Panatela	7" (178)	x 28	
The Cuban	8¼" (209)	x 48	
CERDAN			
Dominikanische Republik **B**			
Tabacos Dominicanos S.A.			
Chamberlain	6" (152)	x 43	

	L	R	B
Churchill	7" (178)	x 45	
Don Juan	7½" (191)	x 50	
Don Julio	6½" (165)	x 54	
Ejecutivos	5½" (140)	x 38	
Gable	7½" (191)	x 38	
Gemma's	6" (152)	x 30	
Juan Carlos	7" (178)	x 35	
Napolean	5½" (140)	x 40	
Welles	6¾" (171)	x 40	
CHURCHILL			
Honduras			
Nestor Plasencia			
No. 3	5⅝" (143)	x 44	
Presidente	8" (203)	x 50	
Prime Minister	7¼" (184)	x 48	
Robusto	4¾" (121)	x 50	
Senator	6" (152)	x 50	
CIFUENTES BY PARTAGÁS			
Jamaika **C**			
General Cigar Co.			
Churchill	7½" (191)	x 49	90
Corona Gorda	5½" (140)	x 49	88
Lonsdale	6½" (165)	x 42	83
Petit Corona	5" (127)	x 38	86
Pyramid	6" (152)	x 50	
COHIBA			
Kuba **D**			
Corona Especial	6" (152)	x 38	89
Esplendidos	7" (178)	x 47	89
Exquisitos	4⅞" (124)	x 33	
Lancero	7" (178)	x 38	83
Panatela	4½" (114)	x 26	
Robusto	5" (127)	x 50	91
Siglo I	4" (102)	x 40	93
Siglo II	5" (127)	x 42	88
Siglo III	6" (152)	x 42	95
Siglo IV	6" (152)	x 46	89
Siglo V	6¾" (171)	x 43	90
COHIBA			
Dominikanische Republik **D**			
General Cigar Co.			
Coronas Especial	6¼" (159)	x 43	
Esplendido	7" (178)	x 49	
Robusto	5½" (140)	x 48	
CREDO			
Dominikanische Republik **B/C**			
Manufactura de Tabacos S.A. de C.V.			
Arcane	5" (127)	x 50	86
Athanor	5¾" (146)	x 42	88
Jubilate	5" (127)	x 34	83
Magnificat	6⅞" (175)	x 46	84
Pythagoras	7" (178)	x 50	

Stärke: A = mild, **B** = mild bis mittelschwach, **C** = mittel, **D** = mittel bis mittelstark, **E** = stark

	L	R	B
CRUZ REAL			
Mexiko C			
Tabacos y Puros de San Andres S.A. de C.V.			
Canciler	7½" (191) x 50		
Churchill No.14	7½" (191) x 50		87
Emperador	6¼" (159) x 50		
Ministro	6¼" (159) x 42		
No. 1	6⅝" (168) x 42		76
No. 1 Maduro	6⅝" (168) x 42		
No. 2	6" (152) x 42		86
No. 2 Maduro	6" (152) x 42		
No. 3	6⅝" (168) x 35		
No. 3 Maduro	6⅝" (168) x 34		
No. 14	7½" (191) x 50		87
No. 14 Maduro	7½" (191) x 50		
No. 19	6" (152) x 50		80
No. 19 Maduro	6" (152) x 50		84
No. 24	4½" (114) x 50		80
No. 24 Maduro	4½" (114) x 50		
No. 25	5½" (140) x 52		77
No. 25 Maduro	5½" (140) x 52		
No. 28	8½" (216) x 54		82
No. 28 Maduro	8½" (216) x 54		
CUABA			
Kuba D			
Divinos	4" (102) x 43		
Exclusivos	5" (127) x 46		
Generosos	5⅛" (130) x 42		
Tradiciónales	4¾" (121) x 42		91
CUBA ALIADOS			
Honduras D			
Cuba Aliados Cigars, Inc.			
Churchill	7¼" (184) x 54		92
Churchill Deluxe	7¼" (184) x 54		88
Churchill Extra	7¼" (184) x 54		84
Corona Deluxe	6½" (165) x 45		87
Lonsdale	6½" (165) x 42		91
No. 4	5½" (140) x 46		87
Pyramide	7½" (191) x 60		87
Pyramide No. 2	6½" (165) x 46		89
Remedios	5½" (140) x 42		86
Rothschild	5" (127) x 50		84
Valentino No. 1	7" (178) x 47		89
CUBITA			
Dominikanische Republik C			
Manufactura de Tabacos S.A. de C.V.			
2	6¼" (159) x 38		85
2000	7" (178) x 50		82
500	5½" (140) x 43		
700	6" (152) x 50		86
8-9-8	6¾" (171) x 43		83
Delicias	5⅛" (130) x 30		

	L	R	B
CUESTA-REY			
Dominikanische Republik C			
Tabacalera A. Fuente y Cia.			
Aristocrat	7¼" (184) x 48		
Cabinet Selection No. 1	8½" (216) x 52		
Cabinet Selection No. 1			
Maduro	8½" (216) x 52		
Cabinet Selection No. 2	7" (178) x 36		87
Cabinet Selection No. 2			
Maduro	7" (178) x 36		
Cabinet Selection			
No. 1884	6¾" (171) x 44		85
Cabinet Selection			
No. 1884 Maduro	6¾" (171) x 44		88
Cabinet Selection			
No. 8-9-8	7" (178) x 49		86
Cabinet Selection			
No. 8-9-8 Maduro	7" (178) x 49		
Cabinet Selection			
No. 95	6¼" (159) x 42		84
Cabinet Selection			
No. 95 Maduro	6¼" (159) x 42		85
Cameo	4¼" (108) x 32		
Centennial Collection			
Captiva	6³⁄₁₆" (157) x 42		84
Centennial Collection			
Dominican No. 1	8½" (216) x 52		
Centennial Collection			
Dominican No. 1			
Maduro	8½" (216) x 50		
Centennial Collection			
Dominican No. 2	7¼" (184) x 48		84
Centennial Collection			
Dominican No. 2			
Maduro	7¼" (184) x 48		87
Centennial Collection			
Dominican No. 3	7" (178) x 36		86
Centennial Collection			
Dominican No. 3			
Maduro	7" (178) x 36		
Centennial Collection			
Dominican No. 4	6¼" (159) x 42		83
Centennial Collection			
Dominican No. 4			
Maduro	6½" (165) x 42		
Centennial Collection			
Dominican No. 5	5½" (140) x 43		87
Centennial Collection			
Dominican No. 5			
Maduro	5½" (140) x 43		
Centennial Collection			
Dominican No. 60	6" (152) x 50		87
Centennial Collection			
Dominican No. 7	4½" (114) x 50		84
Individual Natural	8½" (216) x 52		

DAVIDOFF
Dominikanische Republik D
Tabacos Dominicanos S.A.

	L	R	B
2000	5" (127)	x 42	85
4000	6" (152)	x 42	89
5000	5⅝" (143)	x 46	85
Aniversario No. 1	7½" (191)	x 38	82
Aniversario No. 2	7" (178)	x 48	86
Double "R"	7½" (191)	x 50	92
Grand Cru No. 1	6" (152)	x 42	89
Grand Cru No. 2	5⅝" (143)	x 43	88
Grand Cru No. 3	5" (127)	x 42	88
Grand Cru No. 4	5" (127)	x 40	88
No. 1	7½" (191)	x 38	83
No. 2	6" (152)	x 38	86
No. 3	5⅛" (130)	x 30	81
Special "C"	6½" (165)	x 33	
Special "R"	4⅞" (124)	x 50	87
Special "T"	6" (152)	x 52	87

DIAMOND CROWN
Dominikanische Republik D
Tabacalera A. Fuente y Cia.

	L	R	B
Robusto No. 1	8½" (216)	x 54	86
Robusto No. 2	7½" (191)	x 54	
Robusto No. 3	6½" (165)	x 54	
Robusto No. 4	5½" (140)	x 54	90
Robusto No. 5	4½" (114)	x 54	87

DIANA SILVIUS DIAMOND VINTAGE SELECTION
Dominikanische Republik C
Tabacalera A. Fuente y Cia.

	L	R	B
Churchill	7" (178)	x 50	88
Corona	6½" (165)	x 42	84
Diana 2000	6¾" (171)	x 46	
Robusto	4⅞" (124)	x 52	86

DIPLOMATICOS
Kuba C

	L	R	B
No. 1	6½" (165)	x 42	
No. 2	6⅛" (156)	x 52	92
No. 3	5½" (140)	x 42	
No. 4	5" (127)	x 42	
No. 5	4" (102)	x 40	
No. 6	7½" (191)	x 38	
No. 7	6" (152)	x 38	

DON ASTRAL
Honduras B

	L	R	B
Blunts	5" (127)	x 42	
Cetros No. 2	6½" (165)	x 44	85
Corona	5½" (140)	x 50	85
Imperial	8" (203)	x 44	
President	7½" (191)	x 50	
Rothschild	4½" (114)	x 50	

DON DIEGO
Dominikanische Republik C
Consolidated Cigar Corp.

	L	R	B
Amigo	6½" (165)	x 36	
Babies	5¹⁄₁₆" (129)	x 36	75
Corona	5⅝" (143)	x 42	85
Corona Major Tube	5¹⁄₁₆" (129)	x 42	87
Coronas Brevas	6½" (165)	x 48	
Grande	6" (152)	x 50	84
Greco	6½" (165)	x 38	
Imperial	7⁵⁄₁₆" (186)	x 46	
Lonsdale	6⅝" (168)	x 42	86
Monarch	7" (178)	x 45	86
Petit Corona	5⅛" (130)	x 42	86
Preludes	4" (102)	x 28	
Privada No. 1	6⅝" (168)	x 43	87
Royal Palmas	6⅛" (156)	x 35	82

DON JUAN
Nicaragua D
Nestor Plasencia

	L	R	B
Cetro	6" (152)	x 43	80
Churchill	7" (178)	x 49	90
Lindas	5½" (140)	x 38	77
Matador	6" (152)	x 50	
Numero Uno	6⅝" (168)	x 44	84
Palma Fina	6⅞" (162)	x 36	
Presidente	8½" (216)	x 50	88
Robusto	5" (127)	x 50	87

DON LEON
Dominikanische Republik B
Puros de Villa Gonzalez S.A.

	L	R	B
Churchill	7½" (191)	x 50	
Corona	6½" (165)	x 44	
Double Corona	7" (178)	x 48	
Petit Corona	5½" (140)	x 42	
Presidente	8" (203)	x 52	
Robusto	5½" (140)	x 50	87
Rothschild	4½" (114)	x 50	
Toro	6¼" (159)	x 52	
Torpedo	6¾" (171)	x 52	

DON LINO
Honduras B
Delos Reyes Cigar S.A.

	L	R	B
Churchill	7" (178)	x 50	90
Colorado	5½" (140)	x 50	85
Colorado Deluxe Lonsdale	6½" (165)	x 44	
Colorado Deluxe Presidente	7½" (191)	x 50	84
Colorado Deluxe Robustos	5½" (140)	x 50	
Colorado Rothschild	4½" (114)	x 50	86
Colorado Torpedo	7" (178)	x 48	83
Havana Reserve Toro	5½" (140)	x 46	88

Stärke: A = mild, **B** = mild bis mittelschwach, **C** = mittel, **D** = mittel bis mittelstark, **E** = stark

	L	R	B
DON MARCOS			
Dominikanische Republik **B**			
Consolidated Cigar Corp.			
Cetros	6½" (165) x 42		
Coronas	5½" (140) x 42		
Double Corona	6½" (165) x 48		
Monarch	7" (178) x 46		
Naturals Tube	6" (152) x 38		
Toros	6" (152) x 50		85
Torpedos	6" (152) x 50		
DON MATEO			
Honduras **C**			
Nestor Plasencia			
4¾" X 50	4¾" (121) x 50		
5½" X 44	5½" (140) x 44		
6¼" X 50	6¼" (159) x 50		
6⅝" X 44	6⅝" (168) x 44		
6⅞" X 48	6⅞" (175) x 48		
8" X 50	8" (203) x 50		
DON MELO			
Honduras **C**			
Cigars of Honduras			
Churchill	7" (178) x 49		
Corona Extra	5½" (140) x 46		86
Corona Gorda	6¼" (159) x 44		86
Cremas	4½" (114) x 42		
Nom Plus	4¾" (121) x 50		85
Numero Dos	6" (152) x 42		
Petit Corona	5½" (140) x 42		85
Presidente	8½" (216) x 50		
DON PEPE			
Honduras **B/C**			
Suerdieck			
Double Corona	7½" (191) x 50		
Half Corona	4½" (114) x 42		
Petit Lonsdale	6" (152) x 42		
Robusto	5" (127) x 50		
Slim Panatela	5¼" (133) x 30		
DON TITO			
USA **C**			
Cigar Par Excellence			
Charlemagne	7¼" (184) x 54		
Churchill	7" (178) x 50		
Corona Gorda	6" (152) x 52		
Coronas Extra Larga	7¾" (197) x 44		
Double Corona	7¾" (197) x 49		
Medaille d'Or No. 1	6¾" (171) x 43		
Medaille d'Or No. 2	6¼" (159) x 43		
Panatela	6⅞" (175) x 37		80
Panatela Deluxe	7" (178) x 37		
Pyramide	7¼" (184) x 50		
Robusto	5" (127) x 50		
Soberano	8" (203) x 52		

	L	R	B
Taino	6¼" (159) x 46		
Torpedo No. 1	6½" (165) x 54		
DON TOMÁS			
Honduras **C**			
UST International Inc.			
Blunt	5" (127) x 42		86
Blunt Maduro	5" (127) x 42		
Cetros #2	6½" (165) x 44		83
Cetros #2 Maduro	6½" (165) x 44		
Corona	5½" (140) x 50		86
Corona Grande	6½" (165) x 44		84
Corona Grande Maduro	6½" (165) x 44		
Corona Grande 3's	6½" (165) x 44		
Corona Grande Upright			
20's	6½" (165) x 44		
Corona Maduro	5½" (140) x 42		
Elegante 3's	6" (152) x 36		
Epicure	4½" (114) x 32		
Epicure Maduro	4½" (114) x 32		
Gigante 10's	8½" (216) x 52		
Gigante 10's Maduro	8½" (216) x 52		
Imperial	8" (203) x 44		
Imperial Maduro	8" (203) x 44		
International #1	6½" (165) x 44		
International #2	5½" (140) x 50		83
International #3	5½" (140) x 42		
International #4	7" (178) x 36		78
Matador	5½" (140) x 42		87
Matador Maduro	5½" (140) x 42		
Panatela Larga Maduro	7" (178) x 38		85
Panatela	6" (152) x 36		84
Panatela Larga	7" (178) x 36		
Panatela Maduro	6" (152) x 36		
Petit Corona 3's	5½" (140) x 42		
Presidentes	7½" (191) x 50		
Presidentes Maduro	7½" (191) x 50		85
Rothschild	4½" (114) x 50		80
Rothschild Maduro	4½" (114) x 50		
Special Edition #100	7½" (191) x 50		
Special Edition #200	6½" (165) x 44		85
Special Edition #300	5" (127) x 50		80
Special Edition #400	7" (178) x 36		86
Special Edition #500	5½" (140) x 46		87
Supremo	6¼" (159) x 42		88
Supremo Maduro	6¼" (159) x 42		
Toro	5½" (140) x 46		84
Toro Maduro	5½" (140) x 46		84
DON XAVIER			
Kanarische Inseln **C**			
Commercial Arico AL			
Churchill	7½" (191) x 50		
Corona	5⅝" (143) x 46		83
Lonsdale	6⅝" (168) x 42		84
Panatela	5⅝" (143) x 39		
Robusto	4⅝" (117) x 50		84

	L	R	B
DOUBLE HAPPINESS			
Philippinen **C**			
La Flor de la Isabella, Inc.			
Bliss	5¼" (133)	x 48	
Ecstasy	7" (178)	x 47	
Euphoria	6½" (165)	x 50	
Nirvana	6" (152)	x 52	
Rapture	5" (127)	x 50	
DUNHILL			
Kanarische Inseln **C**			
Citas Tabacos de Canarias S.A.			
Aged 1989 Panatela	6" (152)	x 36	**84**
Coronas	5½" (140)	x 43	
Coronas Extra	5½" (140)	x 50	**83**
Coronas Grandes	6½" (165)	x 43	
Lonsdale Grandes	7½" (191)	x 42	
Panatela	6" (152)	x 30	**81**
DUNHILL AGED 1989			
Dominikanische Republik **C/D**			
Consolidated Cigar Corp.			
Altamira	5" (127)	x 48	**88**
Cabreras	7" (178)	x 48	**86**
Caleta	4" (102)	x 40	
Centenas	6" (152)	x 50	**82**
Condados	6" (152)	x 48	**85**
Diamantes	6⅝" (168)	x 42	**83**
Fantino	7" (178)	x 28	**83**
Peravias	7" (178)	x 50	**87**
Romanas Vintage	4½" (114)	x 50	**87**
Samanas	6½" (165)	x 38	
Tabaras	5½" (140)	x 42	**85**
Valverdes	5 9/16" (141)	x 42	**85**
DUNHILL AGED 1994			
Dominikanische Republik **C/D**			
Consolidated Cigar Corp.			
Altamiras	5" (127)	x 48	**82**
Cabreras	7" (178)	x 48	
Centenas	6" (152)	x 50	
Condados	6" (152)	x 48	
Diamantes	6⅝" (168)	x 42	
Peravias	7" (178)	x 50	
Romanos	4½" (114)	x 50	
Samanas	6½" (165)	x 38	
8-9-8 COLLECTION			
Jamaika **B**			
General Cigar Co.			
Churchill	7½" (191)	x 49	**87**
Corona	5½" (140)	x 42	**88**
Lonsdale	6½" (165)	x 42	**86**
Monarch	6¾" (171)	x 45	**86**
Robusto	5½" (140)	x 49	**87**

	L	R	B
EL REY DEL MUNDO			
Kuba **B/C**			
Choix Supreme	5" (127)	x 48	
Corona	5½" (140)	x 42	
Coronas De Luxe	5½" (127)	x 42	**91**
Demi Tasse	4" (102)	x 30	
Elegante	6¾" (171)	x 28	**83**
Gran Corona	5⅝" (143)	x 46	**87**
Grandes De España	7½" (191)	x 38	**88**
Isabel	5⅝" (143)	x 35	
Lonsdale	6½" (165)	x 42	**87**
Lunch Club	4½" (114)	x 40	
Panatelas Largas	7" (178)	x 28	
Petit Corona	5" (127)	x 42	
Petit Lonsdale	5" (127)	x 42	
Señoritas	4½" (114)	x 26	
Tainos	7" (178)	x 47	**87**
Très Petit Corona	4" (102)	x 40	
EL REY DEL MUNDO			
Honduras **C/D**			
Villazon & Co.			
Cafe Au Lait	4½" (114)	x 35	
Cedar	7" (178)	x 43	
Choix Supreme	6" (152)	x 49	**88**
Classic Cofradias	6¼" (159)	x 48	
Classic Corona	5¾" (146)	x 45	
Corona Inmensa	7¼" (184)	x 47	
Corona Inmensa Maduro	7¼" (184)	x 47	
Corona	5⅝" (143)	x 45	**82**
Coronation	8½" (216)	x 52	
Double Corona	7" (178)	x 49	**86**
Elegantes	5⅜" (137)	x 29	
Flor de La Vonda	6½" (165)	x 42	**85**
Flor de Llaneza	6½" (165)	x 54	**87**
Flor del Mundo	7½" (191)	x 54	**87**
Habana Club	5½" (140)	x 42	**87**
Imperiales	7¼" (184)	x 54	
Lonsdale	7" (178)	x 43	**87**
Monte Carlo	6¼" (159)	x 50	
Olivas	nicht erhältlich		
Originale	5⅝" (143)	x 45	**89**
Petit Lonsdale	4½" (114)	x 43	
Plantations	6½" (165)	x 30	
Principales	8" (203)	x 47	
Rectangulare	5⅝" (143)	x 45	**84**
Reynitas	5" (127)	x 38	
Robusto	5" (127)	x 54	**83**
Robusto de Manuel	5" (127)	x 54	**82**
Robusto Larga	6" (152)	x 54	**83**
Robusto Maduro	5" (127)	x 54	
Robusto Suprema	7" (178)	x 54	**91**
Robusto Zavalla	5" (127)	x 54	**81**
Rothschild	5" (127)	x 50	**86**
Tinos	5½" (140)	x 38	**87**
Très Petit Corona	4½" (114)	x 35	

Stärke: A = mild, **B** = mild bis mittelschwach, **C** = mittel, **D** = mittel bis mittelstark, **E** = stark

	L	R	B
EL RICO HABANO			
USA & Dominikanische Republik	**C**		
El Credito Cigars			
Corona	5¾" (146)	x 42	85
Double Corona	7" (178)	x 47	85
Gran Corona	5¾" (146)	x 46	89
Gran Habanero	7¾" (197)	x 50	
Gran Habanero Deluxe	7¾" (197)	x 50	80
Habano Club	5" (127)	x 48	90
Lonsdale Extra	6¼" (159)	x 44	
No. 1	7½" (191)	x 38	80
Petit Habano	5" (127)	x 40	89

	L	R	B
EL SUBLIMADO			
Dominikanische Republik	**B**		
Puros de Villa Gonzalez S.A.			
Churchill	8" (203)	x 50	85
Corona	6" (152)	x 44	84
Regardete	4½" (114)	x 50	85
Robusto	4½" (114)	x 50	87
Torpedo	7" (178)	x 54	86

	L	R	B
ENCANTO			
Honduras	**C**		
La Flor de Copan			
Cetros Natural Maduro			
Candella	6" (152)	x 42	
Churchill Maduro	6⅞" (175)	x 49	82
Corona Larga Natural	6½" (165)	x 44	
Elegante	7" (178)	x 44	86
Elegante Natural	7" (178)	x 43	
Grandotes Natural	7½" (191)	x 47	
Luchadores Natural			
Maduro	6¼" (159)	x 44	
Petit Corona Natural			
Maduro	5½" (140)	x 42	
Princessa Natural	4½" (114)	x 30	
Rothschild	4½" (114)	x 50	88
Rothschild Maduro	4½" (114)	x 50	85
Toro Maduro	6" (152)	x 50	86
Viajante Natural	8½" (216)	x 52	

	L	R	B
EVELIO			
Honduras	**B**		
Nestor Plasencia			
Corona	5¾" (146)	x 42	
Double Corona	7⅝" (194)	x 47	
No. 1	7" (178)	x 44	
Robusto	4¾" (121)	x 54	89
Robusto Larga	6" (152)	x 54	85
Torpedo	7" (178)	x 56	

	L	R	B
EXCELSIOR			
Mexiko	**B**		
Nueva Matacan Tabacos S.A. de C.V.			
Individuale	8½" (216)	x 52	
No. 1	6¼" (159)	x 42	

	L	R	B
No. 2	6¾" (171)	x 42	
No. 3	5½" (140)	x 52	81
No. 4	7" (178)	x 48	
No. 5	8" (203)	x 50	

	L	R	B
F.D. GRAVE			
Honduras	**C**		
Honduras Cuban Tobaccos			
Churchill	7¾" (197)	x 50	86
Corona Grande	7" (178)	x 52	
Lonsdale	6½" (165)	x 44	84

	L	R	B
FELIPE GREGORIO			
Honduras	**C**		
Cigars of Honduras			
Belicoso	6⅛" (156)	x 54	
Glorioso	7¾" (197)	x 50	
Nino	4¼" (108)	x 44	
Robusto	5" (127)	x 52	84
Sereno	5¾" (146)	x 42	86
Suntouso	7" (178)	x 48	

	L	R	B
FIGHTING COCK			
Philippinen	**C**		
La Flor de la Isabella, Inc.			
C.O.D.	7" (178)	x 47	
Rooster Arturo	5" (127)	x 50	
Sidewinder	6" (152)	x 52	
Smokin' Lulu	5¼" (133)	x 48	
Texas Red	6½" (165)	x 50	

	L	R	B
FLOR DE MANILA			
Philippinen	**C**		
Tabacalera de Philippines			
Cetros	6" (152)	x 39	
Cetros Largos	7½" (191)	x 39	
Churchill	7" (178)	x 47	
Corona	5½" (140)	x 44	
Coronas Largas	7" (178)	x 44	
Cortados	6" (152) (zugespitzt)		
Londres	5¾" (146)	x 44	
Panatela	5" (127)	x 35	

	L	R	B
FONSECA			
Kuba	**C**		
Cosacos	5¼" (133)	x 42	81
Delicias	5¼" (133)	x 40	
Invictos	5¼" (133)	x 45	
K.D.T. Cadetes	6⅛" (156)	x 36	
No. 1	6⅓" (161)	x 44	

	L	R	B
FONSECA			
Dominikanische Republik	**C/D**		
Manufactura de Tabacos S.A. de C.V.			
2-2	4½" (114)	x 40	89
2-2 Maduro	4¼" (108)	x 40	
5-50	5" (127)	x 50	85

	L	R	B
5-50 Maduro	5" (127)	x 50	
500	5½" (140)	x 43	
7-9-9	6½" (165)	x 46	
7-9-9 Maduro	6½" (165)	x 46	
700	6" (152)	x 50	
8-9-8	6" (152)	x 43	88
10-10	7" (178)	x 50	86
10-10 Maduro	6¾" (171)	x 49	85
No. 2	6¼" (159)	x 38	
Triangulare	5½" (140)	x 56	87

FUENTE FUENTE OPUS X
Dominikanische Republik **E**
Tabacalera A. Fuente y Cia.

	L	R	B
Double Corona	7⅝" (194)	x 49	93
Fuente Fuente	5⅝" (143)	x 46	91
Number 2	6¼" (159)	x 52	92
Perfecxion No. 2	6⅛" (156)	x 52	
Perfecxion No. 5	4⅞" (124)	x 40	
Petit Lancero	6" (152)	x 38	91
Reserva d' Chateau	7" (178)	x 48	
Robusto	5¼" (133)	x 50	91

GILBERTO OLIVA
Honduras **C**
Nestor Plasencia

	L	R	B
Churchill	7" (178)	x 50	
Churchill Maduro	7" (178)	x 50	
Numero 1	6½" (165)	x 44	83
Robusto	5" (127)	x 50	85
Robusto Maduro	5" (127)	x 50	
Torpedo	6½" (165)	x 52	
Viajante	6" (152)	x 52	86

GISPERT
Kuba **B**

	L	R	B
Coronas	5½" (140)	x 42	
Pt. Coronas De Luxe	5" (127)	x 42	

GISPERT
Honduras **B**
Nestor Plasencia

	L	R	B
Churchill	7½" (191)	x 50	
Lonsdale	6½" (165)	x 44	
Robusto	5" (127)	x 52	
Toro	6" (152)	x 50	

H. UPMANN
Kuba **D**

	L	R	B
Amatista	5¾" (146)	x 40	
Cinco Bocas	6½" (165)	x 42	
Connossieur No. 1	5" (127)	x 48	
Corona	5½" (140)	x 42	91
Corona Major	5⅛" (130)	x 42	
Corona Minor	4½" (114)	x 40	
Cristales	5¼" (133)	x 42	
Grand Corona	5¾" (146)	x 40	

	L	R	B
Lonsdale	6½" (165)	x 42	90
Magnum	5½" (140)	x 46	83
Magnum 46	5⅝" (143)	x 46	
Medias Coronas	5" (127)	x 42	
Monarca	7" (178)	x 47	
No. 4 Alfred Dunhill	6½" (165)	x 46	95
No. 22 Alfred Dunhill			
Selección Suprema	4½" (114)	x 55	94
Noellas	5¼" (133)	x 42	
Petit Corona	5" (127)	x 42	81
Petit Palatinos	4½" (114)	x 36	
Royal Coronas	5½" (140)	x 42	
Short Coronas	5¼" (133)	x 42	
Sir Winston	7" (178)	x 47	
Super Coronas	5⅝" (143)	x 46	
Upmann No. 1	6½" (165)	x 42	
Upmann No. 2	6⅛" (156)	x 52	89
Upmann No. 4	5" (127)	x 42	

H. UPMANN
Dominikanische Republik **C**
Consolidated Cigar Corp.

	L	R	B
Amatista	5⅞" (149)	x 41	
Apéritif	4" (102)	x 28	
Churchill	5¾" (146)	x 46	87
Colombos	8" (203)	x 50	
Columbos 10's	8" (203)	x 50	
Corona	5⅝" (143)	x 42	86
Corona Brava	6½" (165)	x 48	
Corona Cristal	5⁹⁄₁₆" (141)	x 42	
Corona Imperial	7" (178)	x 46	
Corona Major	5⅛" (130)	x 42	83
Corona Major Tube	5¹⁄₁₆" (129)	x 42	85
Corsario	5½" (140)	x 50	86
Demi Tasse	4½" (114)	x 33	
Director Royale	6⅝" (168)	x 42	85
El Prado	7" (178)	x 36	
Emperadores	7¾" (197)	x 46	
Extra Finos Tube	6¾" (171)	x 36	
Finos Tube	6¾" (171)	x 36	
Lonsdale	6⅝" (168)	x 42	83
Monarch	7" (178)	x 47	84
Naturales	6⅛" (156)	x 36	83
Panatela Cristal	6¾" (171)	x 38	
Pequeño 100	4½" (114)	x 50	86
Pequeño 200	4½" (114)	x 46	
Pequeño 300	4½" (114)	x 42	
Petit Corona	5¹⁄₁₆" (129)	x 42	86
Robusto	4¾" (121)	x 42	86
Topacio	5¼" (133)	x 43	
Tubos	5⅛" (130)	x 42	86
Tubos Gold Tube	5⅛" (130)	x 42	
2000	7" (178)	x 43	

Stärke: A = mild, **B** = mild bis mittelschwach, **C** = mittel, **D** = mittel bis mittelstark, **E** = stark

	L	R	B
H. UPMANN CHAIRMAN'S RESERVE			
Dominikanische Republik C			
Consolidated Cigar Corp.			
Chairman's Reserve	7½" (191)	x 38	
Churchill	6¾" (171)	x 48	
Double Corona	7" (178)	x 50	
Robusto	4¾" (121)	x 50	
Torpedo	6" (152)	x 50	
H.A. LADRILLO			
Honduras B			
La Flor de Copan			
Fabuloso (perf. shape)	7" (178)	x 48	
Imperial	7½" (191)	x 52	
Lancero	6½" (165)	x 44	
Robusto	5" (127)	x 52	
HABANA GOLD			
Honduras B			
Flor de Honduras Tabacos S.A.			
Churchill Black Label	7½" (191)	x 46	84
Churchill White Label	7" (178)	x 52	85
Corona Black Label	6" (152)	x 44	86
Corona White Label	6" (152)	x 44	
Double Corona			
Black Label	7½" (191)	x 46	
Double Corona			
White Label	7½" (191)	x 46	
No. 2	6⅛" (156)	x 52	
Petit Corona Black			
Label	5" (127)	x 42	
Petit Corona White			
Label	5" (127)	x 42	
Presidente Black Label	8½" (216)	x 52	
Presidente White Label	8½" (216)	x 32	
Robusto Black Label	5" (127)	x 50	80
Robusto White Label	5" (127)	x 50	87
Super Finos	4" (102)	x 20	
Torpedo Black Label	6" (152)	x 52	85
Torpedo White Label	6" (152)	x 52	
HABANICA			
Nicaragua C			
Cigars of Honduras			
Serie 546	5¼" (133)	x 46	87
Serie 550	5" (127)	x 50	88
Serie 638	6" (152)	x 38	85
Serie 646	6" (152)	x 46	85
Serie 747	7" (178)	x 47	
HAMILTONS			
Dominikanische Republik C			
Consolidated Cigar Corp.			
George I	7½" (191)	x 48	
George II	5" (127)	x 50	
George III	6" (152)	x 50	
George IV	6½" (165)	x 44	

	L	R	B
HAMILTONS RESERVE			
Dominikanische Republik B			
Tabacos Dominicanos S.A.			
King George	7½" (191)	x 50	
Robusto	5" (127)	x 50	
Torpedo	6⅛" (156)	x 52	
HAVANA CLASSICO			
USA & Dominikanische Republik B			
Caribbean Cigar Co.			
Churchill	7¼" (184)	x 50	
Connecticut Robusto	5" (127)	x 50	85
Corona Classico	6½" (165)	x 42	
Double Corona	7½" (191)	x 46	
Malecon	9" (229)	x 60	86
Presidente	7½" (191)	x 54	
Puntas	5" (127)	x 48	
Pyramid	7¼" (184)	x 54	
Robusto	5" (127)	x 50	86
Robusto Largo	6" (152)	x 50	85
Torpedo	6½" (165)	x 54	
Varadero	5½" (140)	x 44	
HENRY CLAY			
Dominikanische Republik C			
Consolidated Cigar Corp.			
Brevas	5½" (140)	x 42	84
Brevas a la Conserva	5⅝" (143)	x 46	78
Brevas Fina Maduro	6½" (165)	x 48	84
HOYO DE MONTERREY			
Kuba E			
Churchill	7" (178)	x 47	88
Concorde	7" (178)	x 47	
Corona	5½" (140)	x 42	85
Double Corona	7⅝" (194)	x 49	96
Epicure No. 1	5¾" (146)	x 46	92
Epicure No. 2	5" (127)	x 50	92
Hoyo Coronas	5½" (140)	x 42	
Jeanne D'Arc	5⅝" (143)	x 35	
Le Hoyo des Dieux	6" (152)	x 42	89
Le Hoyo du Dauphin	6" (152)	x 38	88
Le Hoyo du Député	4½" (110)	x 38	
Le Hoyo du Gourmet	6⅔" (169)	x 33	
Le Hoyo du Maire	4" (102)	x 30	
Le Hoyo du Prince	5" (127)	x 40	86
Le Hoyo du Roi	5½" (140)	x 42	90
Longos	7" (178)	x 33	
Margaritas	4¾" (121)	x 26	
Odeón	6" (152)	x 38	
Opera	5½" (140)	x 42	
Particulares	9¼" (235)	x 47	93
Short Hoyo Corona	5" (127)	x 42	
Versaille	6¾" (171)	x 33	

	L	R	B
HOYO DE MONTERREY			
Honduras **C**			
Villazon & Co.			
Ambassador	6" (152)	x 44	84
Ambassador Maduro	6" (152)	x 44	
Cafe Royal	6" (152)	x 43	87
Churchill	6¼" (159)	x 45	86
Churchill Maduro	6¼" (159)	x 45	
Corona	5⅝" (143)	x 46	87
Corona Maduro	5⅝" (143)	x 46	
Cuban Largo	7½" (184)	x 47	
Cuban Largo Maduro	7½" (184)	x 47	
Culebra	6" (152)	x 35	84
Delights	6½" (165)	x 37	80
Demi Tasse	4" (102)	x 39	86
Double Corona	6¾" (171)	x 48	83
Double Corona			
Maduro	6¾" (171)	x 48	
Dreams	5¾" (146)	x 46	
Governor	6" (152)	x 48	87
Governor Maduro	6⅛" (156)	x 50	86
Largo Elegante	7" (178)	x 32	
Largo Elegante Maduro	7" (178)	x 32	
Margaritas	5¼" (133)	x 29	
No. 1	6½" (165)	x 43	85
No. 55	5¼" (133)	x 43	88
Petit	4½" (114)	x 32	
President	8½" (216)	x 52	
President Maduro	8½" (216)	x 52	
Rothschild	4½" (114)	x 50	86
Rothschild Maduro	4½" (114)	x 50	85
Sabrosos	5" (127)	x 40	70
Sabrosos Maduro	5" (127)	x 40	
Sultan	7" (178)	x 52	82
Sultan Maduro	7" (178)	x 52	85
Super Hoyo	5½" (140)	x 44	87

	L	R	B
HOYO DE MONTERREY EXCALIBUR			
Honduras **D**			
Villazon & Co.			
Banquet Tube	6¾" (171)	x 48	82
Number I	7¼" (184)	x 54	80
Number I Maduro	7¼" (184)	x 54	85
Number II	6¾" (171)	x 47	85
Number II Maduro	6¾" (171)	x 47	
Number III	6⅛" (156)	x 48	89
Number III Maduro	6⅛" (156)	x 48	87
Number IV	5⅝" (143)	x 46	81
Number IV Maduro	5⅝" (143)	x 46	
Number V	6¼" (159)	x 45	85
Number V Maduro	6¼" (159)	x 45	
Number VI	5½" (140)	x 38	85
Number VI Maduro	5½" (140)	x 38	
Number VII	5" (127)	x 43	88

	L	R	B
HUGO CASSAR			
Dominikanische Republik **A**			
Hugo Cassar			
Diamond Selection			
Corona	5½" (140)	x 42	
Diamond Selection			
El Presidente	8" (203)	x 50	
Diamond Selection			
Grand Corona	6" (152)	x 46	
Diamond Selection			
Lonsdale	7" (178)	x 44	
Diamond Selection			
Robusto	4¾" (121)	x 50	
Diamond Seletion Toro	6½" (165)	x 52	
Mystique Churchill	8" (203)	x 50	
Mystique Lonsdale	7" (178)	x 44	
Mystique Maestro	7" (178)	x 48	
Mystique Toro	6¼" (159)	x 50	
Mystique Torpedo	6" (152)	x 53	
Private Collection			
Presidente	7½" (191)	x 49	
Private Collection			
Robusto	5" (127)	x 50	
Private Collection Toro	6½" (165)	x 52	
Private Collection			
Torpedo	6" (152)	x 53	

	L	R	B
HUGO CASSAR			
Honduras **A**			
Hugo Cassar			
Diamond Selection			
Chairman	7¾" (197)	x 50	
Diamond Selection			
Corona	5½" (140)	x 44	
Diamond Selection			
Double Corona	6¼" (159)	x 52	
Diamond Selection			
Lonsdale	6⅝" (168)	x 46	
Diamond Selection			
Presidente	7" (178)	x 49	
Diamond Selection			
Robusto	5" (127)	x 50	
Diamond Selection			
Torpedo	6" (152)	x 53	
Mystique Churchill	7¾" (197)	x 47	
Mystique Corona	6" (152)	x 44	
Mystique Toro	6½" (165)	x 52	
Mystique Torpedo	6" (152)	x 53	
Private Collection			
Elegantes	6" (152)	x 50	
Private Collection			
Emperador	7¾" (197)	x 47	
Private Collection			
Imperial	7" (178)	x 44	

Stärke: A = mild, **B** = mild bis mittelschwach, **C** = mittel, **D** = mittel bis mittelstark, **E** = stark

	L	R	B
Private Collection			
Matador	6" (152)	x 42	
Private Collection			
Robusto	4¾" (121)	x 52	

HUGO CASSAR
Mexiko **A**
Hugo Cassar

	L	R	B
Private Collection			
Churchill	7½" (191)	x 50	
Private Collection			
Corona	6" (152)	x 42	
Private Collection			
Robusto	5½" (140)	x 52	
Private Collection			
Rothschild	4½" (114)	x 50	
Private Collection Toro	6½" (165)	x 50	

HUGO CASSAR
Nicaragua **A**
Hugo Cassar

	L	R	B
Signature Churchill	7" (178)	x 48	
Signature Corona	5½" (140)	x 42	
Signature Giant	8" (203)	x 54	
Signature Lonsdale	6¾" (171)	x 44	
Signature Robusto	4¾" (121)	x 52	
Signature Toro	6" (152)	x 50	

JOSÉ BENITO
Dominikanische Republik **C**
Manufactura de Tabacos S.A. de C.V.

	L	R	B
Chico	4¼" (108)	x 32	
Churchill	7" (178)	x 50	84
Corona	6¾" (171)	x 43	
Havanitos	5" (127)	x 50	
Magnum	8¾" (222)	x 60	
Palma	6" (152)	x 43	87
Panatela	6¾" (171)	x 38	83
Petite	5½" (140)	x 38	87
Presidente	7¾" (197)	x 50	85
Rothschild	4¾" (121)	x 50	84

JOSÉ L. PIEDRA
Kuba **B**

	L	R	B
Superiores	5¾" (146)	x 40	

JOSÉ L. PIEDRA
Nicaragua **B**
Tabacos Centroamericanos S.A.

	L	R	B
Emperador	7½" (191)	x 50	
Excellentes	5" (127)	x 50	
Gran Presidente	6⅞" (175)	x 46	
Robusto	5½" (140)	x 52	

JOSÉ LLOPIS
Panama **B**
Panama Cigar Co. S.A.

	L	R	B
Churchill	7" (178)	x 48	
No. 1	7" (178)	x 43	
No. 2	6½" (165)	x 43	
No. 4	5½" (140)	x 43	
Rothschild	4½" (114)	x 50	
Viajante	8½" (216)	x 52	

JOSÉ MARTÍ
Dominikanische Republik **A**
Manufactura de Tabacos S.A. de C.V.

	L	R	B
Corona	5½" (140)	x 42	84
Créme	6" (152)	x 35	
Maceo	6⅞" (175)	x 45	81
Martí	7¼" (184)	x 50	86
Palma	7" (178)	x 42	84
Remedio	5½" (140)	x 45	85
Robusto	5½" (140)	x 50	88

JOSÉ MARTÍ
Nicaragua **B**
Nicaraguan American Tobaccos S.A.

	L	R	B
1853	4½" (114)	x 35	
1868	5⅝" (143)	x 45	89
1871	4½" (114)	x 50	
1878	6½" (165)	x 48	
1892	7½" (191)	x 50	
1895	6½" (165)	x 52	

JOYA DE NICARAGUA
Nicaragua **C**
Tabacos Puros de Nicaragua & Nestor Plasencia

	L	R	B
Churchill	6⅞" (175)	x 49	83
Consul	4½" (114)	x 52	90
Corona	5⅝" (143)	x 48	
#1	6⅝" (168)	x 44	82
#3	6" (152)	x 44	
#5	5½" (140)	x 38	85
#6	6" (152)	x 42	83
Petite	5½" (140)	x 38	82
Presidente Maduro			
Deluxe	7½" (191)	x 50	84
Robusto Maduro			
Deluxe	4¾" (121)	x 52	88
Señorita	5½" (140)	x 34	
Toro	6" (152)	x 50	84
Toro Maduro Deluxe	6" (152)	x 50	
Viajante	8½" (216)	x 52	88

JUAN CLEMENTE
Dominikanische Republik **B**
Cia. Tabacalera Santiaguense

	L	R	B
"530"	5" (127)	x 30	86
Churchill	6⅞" (175)	x 46	88

179

	L	R	B
Club Selection No. 1	6" (152)	x 50	83
Club Selection No. 2	4½" (114)	x 46	84
Club Selection No. 3	7" (178)	x 44	84
Club Selection No. 4	5¾" (146)	x 42	86
Club Selection Obelisco	6" (152)	x 54	
Corona	5" (127)	x 42	
Demi Corona	4" (102)	x 40	
Demi Tasse	3⅝" (92)	x 34	
Especiale	7½" (191)	x 38	
Especiale No. 2	6" (152)	x 38	
Gargantua	13" (330)	x 50	
Gigante	9" (229)	x 50	
Grand Corona	6" (152)	x 42	84
Mini	4⅛" (105)	x 22	
Panatela	6½" (165)	x 34	83
Rothschild	4⅞" (124)	x 50	85

JUAN LOPEZ
Kuba D

	L	R	B
Coronas	5½" (140)	x 42	
Patricias	4½" (114)	x 40	
Petit Coronas	5" (127)	x 42	
Placeras	4⅞" (124)	x 34	
Selección No. 1	5½" (140)	x 46	
Selección No. 2	4¾" (121)	x 50	90

KNOCKANDO
Dominikanische Republik B
Tabacos Dominicanos S.A.

	L	R	B
No. 3	5¾" (146)	x 41	84

LA AURORA
Dominikanische Republik C
La Aurora S.A.

	L	R	B
Bristol Especiale	6⅜" (162)	x 48	84
Cetros	6⅜" (162)	x 41	
Corona	5" (127)	x 37	
Double Corona	7½" (191)	x 50	
No. 4	5¼" (133)	x 42	85
Palmas Extra	6¾" (171)	x 35	80
Petit Corona	4½" (114)	x 37	
Robusto	5" (127)	x 50	87
Sublimes	5" (127)	x 38	

LA CORONA
Dominikanische Republik B
Consolidated Cigar Corp.

	L	R	B
Aristocrats	6⅛" (156)	x 36	
Corona Chicas	5½" (140)	x 42	
Directors	6½" (165)	x 46	

LA DILIGENCIA
Honduras B
Nestor Plasencia

	L	R	B
Churchill	7" (178)	x 48	
Gran Corona	6" (152)	x 44	
Presidente	8½" (216)	x 52	

	L	R	B
Robusto	4¾" (121)	x 50	
Toro	6" (152)	x 50	

LA DIVA
Dominikanische Republik A
Puros de Villa Gonzalez S.A.

	L	R	B
Churchill	8" (203)	x 50	
Corona	6" (152)	x 44	
Robusto	4½" (114)	x 50	
Torpedo	7" (178)	x 54	

LA FINCA
Nicaragua D
Nestor Plasencia

	L	R	B
Bolivar	7½" (191)	x 50	85
Corona	5½" (140)	x 42	84
Flora	7" (178)	x 36	86
Gran Finca	8½" (216)	x 52	
Joya	6" (152)	x 50	79
Pico	6" (152)	x 36	85
Robusto	4½" (114)	x 50	77
Romeo	6½" (165)	x 42	87

LA FLOR DOMINICANA
Dominikanische Republik B
La Flor Dominicana

	L	R	B
Alcalde	6½" (165)	x 44	82
Belicosos	5½" (140)	x 52	
Churchill	6⅞" (175)	x 49	
Diplomaticos	5" (127)	x 30	87
Figurado	6½" (165)	x 52	
Insurrectos	5½" (140)	x 42	
Maceo	5" (127)	x 48	85
Macheteros	4" (102)	x 40	
Mambises	6⅞" (175)	x 48	
Robusto	5" (127)	x 48	
Robusto Reserva			
Especial	5" (127)	x 48	87

LA FLOR DE CANO
Kuba C

	L	R	B
Corona	5" (127)	x 42	
Diademas	7" (178)	x 47	89
Gran Corona	5⅝" (143)	x 46	
Short Churchill	5" (127)	x 50	93

LA FLOR DE LA ISABELLA
Philippinen B
La Flor de la Isabella, Inc.

	L	R	B
Don Juan Urquijo Churchill	7" (178)	x 47	
Don Juan Urquijo Corona	5½" (140)	x 44	
Don Juan Urquijo Figurado	5½" (140)	x 42	
Don Juan Urquijo Panatela	4½" (114)	x 32	

Stärke: A = mild, **B** = mild bis mittelschwach, **C** = mittel, **D** = mittel bis mittelstark, **E** = stark

	L	R	B
Don Juan Urquijo			
Pyramid	6⅛" (156)	x 52	
Don Juan Urquijo			
Robusto	5" (127)	x 50	
Tabacara Corona Largas	6⅞" (175)	x 44	
Tabacara Coronas	5½" (140)	x 44	
Tabacara Coronas			
Largas Especiales	8" (203)	x 47	
Tabacara Double			
Corona	8½" (216)	x 50	
Tabacara Half Corona	3⅞" (98)	x 37	
Tabacara Panatela	4¾" (121)	x 35	
Tabacara Pyramid	6⅛" (156)	x 52	
Tabacara Robusto	5" (127)	x 50	

LA FONTANA
Honduras   A
Caribe Imported Cigars Inc.

	L	R	B
Belicoso	6" (152)	x 54	
Da Vinci	6⅞" (175)	x 48	84
Dante	5½" (140)	x 38	
Galileo	5" (127)	x 50	
Michelangelo	7½" (191)	x 52	83
Mona Lisa	4¾" (121)	x 46	
Puccini	6½" (165)	x 44	
Rossini	5½" (140)	x 33	
Verdi	5½" (140)	x 44	

LA GLORIA CUBANA
Kuba   D/E

	L	R	B
Cetros	6½" (165)	x 42	
Medaille d'Or 1	7⅛" (181)	x 36	87
Medaille d'Or 2	6⅝" (169)	x 43	90
Medaille d'Or 3	7" (178)	x 28	
Medaille d'Or 4	6" (152)	x 32	84
Minutos	4½" (114)	x 40	
Sabrosos	6⅛" (156)	x 42	
Tapados	5¼" (133)	x 42	
Tainos	7" (178)	x 47	

LA GLORIA CUBANA
USA & Dominikanische Rep.   D/E
El Credito Cigars

	L	R	B
Charlemagne	7¼" (184)	x 54	
Charlemagne Maduro	7¼" (184)	x 54	
Churchill	7" (178)	x 50	89
Churchill Maduro	7" (178)	x 50	
Corona	6" (152)	x 52	
Corona Extra Larga	7¾" (197)	x 44	
Corona Extra Larga			
Maduro	7¾" (197)	x 44	
Corona Gorda	6" (152)	x 52	
Corona Gorda Maduro	6" (152)	x 52	
Crown Imperial	9" (229)	x 49	
Double Corona	7¾" (197)	x 49	
Double Corona Maduro	7¾" (197)	x 49	
Glorias	5½" (140)	x 43	88

	L	R	B
Glorias Maduro	5½" (140)	x 43	
Glorias Extra	6¼" (159)	x 46	87
Glorias Extra Maduro	6¼" (159)	x 46	
Inmensas	7½" (191)	x 48	
Inmensas Maduro	7½" (191)	x 48	
Medaille d'Or No. 1	6¾" (171)	x 43	88
Medaille d'Or No. 1			
Maduro	6¾" (171)	x 43	
Medaille d'Or No. 2	6¼" (171)	x 43	
Medaille d'Or No. 2			
Maduro	6¼" (171)	x 43	
Medaille d'Or No. 3	7" (178)	x 28	
Medaille d'Or No. 4	6" (152)	x 32	
Minutos	4" (102)	x 40	
Panatela Deluxe	7" (178)	x 37	87
Panatela Deluxe Maduro	7" (178)	x 37	
Pyramid	7¼" (184)	x 56	
Pyramid Maduro	7½" (191)	x 56	
Soberano	8" (203)	x 52	91
Soberano Maduro	8" (203)	x 52	
Torpedo No. 1	6½"(165)		86
Torpedo No. 1 Maduro	6½"(165)		86
Wavell	5" (127)	x 50	85
Wavell Maduro	5" (127)	x 50	90

LA HABANERA
Dominikanische Republik   B
Tabacalera A. Fuente y Cia.

	L	R	B
Churchills	6⅞" (175)	x 46	
Diplomaticos	6" (152)	x 44	
Elegantes	6¾" (171)	x 42	
Emperadores	5½" (140)	x 50	
Especiales	5" (127)	x 30	
Presidents	7½" (191)	x 50	
Puritanos	5¾" (146)	x 42	
Selectos	7" (178)	x 36	

LA HOJA SELECTA
USA & Dominikanische Republik   B
El Credito Cigars

	L	R	B
Bel Aires	6¾" (171)	x 38	
Cetros de Oro	5¾" (146)	x 43	83
Chateau Sovereign	7½" (191)	x 52	
Choix Supreme	7" (178)	x 48	
Cosiac	7" (178)	x 48	85
Geneves	6½" (165)	x 32	
Palais Royal	4¾" (121)	x 50	72
Selectos No. 1	6½" (165)	x 42	
Selectos de Lujo	7" (178)	x 45	

LA PLATA
USA   B
La Plata Cigar Co.

	L	R	B
Enterprise Classic	7" (178)	x 52	
Grand Classic	6" (152)	x 44	
Hercules	5½" (140)	x 54	
Magnificos Maduro	6" (152)	x 44	

181

	L	R	B
Robusto Uno Maduro	4½" (114)	x 52	
Royal Wilshire Maduro	7" (178)	x 52	

La Regenta
Kanarische Inseln **B**
La Regenta

	L	R	B
Especial 1923 No. 2	4¾" (121)	x 50	
Gran Corona	7¼" (184)	x 46	
Individual	8" (203)	x 50	
No. 1	6¾" (171)	x 42	**78**
No. 3	5¾" (146)	x 42	
No. 4	5⅛" (130)	x 42	
No. 5	4½" (114)	x 42	
Pyramid	7" (178)	x 36/52	
Premier	7½" (191)	x 50	
Robusto	4¾" (121)	x 50	**83**

La Reserva
Honduras **C**
Tabacos de Oriente

	L	R	B
No. 2	6½" (165)	x 48	**86**

La Tradicion
USA **C**
Nick's Cigar Co.

	L	R	B
Cabinet Series Natural Robusto	5" (127)	x 50	**78**
Cabinet Series Rosado Robusto	5" (127)	x 50	**81**
Churchill	7" (178)	x 44	
Corona	6" (152)	x 44	
Double Corona	7⅝" (194)	x 50	
Gran Torpedo	7½" (191)	x 60	
Torpedo	6½" (165)	x 54	

La Unica
Dominikanische Republik **C**
Tabacalera A. Fuente y Cia.

	L	R	B
No. 100	8½" (216)	x 52	**90**
No. 200	7" (178)	x 49	**88**
No. 200 Maduro	7" (178)	x 49	**86**
No. 300	6¾" (171)	x 44	**84**
No. 400	4½" (114)	x 50	**88**
No. 400 Maduro	4½" (114)	x 50	**84**
No. 500	5½" (140)	x 42	**84**

Las Cabrillas
Honduras **C**
Consolidated Cigar Corp.

	L	R	B
Balboa	7½" (191)	x 54	**82**
Balboa Maduro	7½" (191)	x 54	**82**
Columbus	8¼" (209)	x 52	
Columbus Maduro	8¼" (209)	x 52	
Coronado	6⅞" (175)	x 35	
Cortez	4¾" (121)	x 50	**83**
Cortez Maduro	4¾" (121)	x 50	**84**
De Soto	6⅞" (175)	x 50	**83**
De Soto Maduro	6⅞" (175)	x 50	
Magellan	6" (152)	x 42	**84**
Maximillian	7" (178)	x 55	**84**
Maximillian Maduro	7" (178)	x 56	
Pizarro	5½" (140)	x 32	**85**
Ponce de Leon	6⅝" (168)	x 44	**79**
Ponce de Leon Maduro	6⅝" (168)	x 44	

Lempira
Honduras **B**
Nestor Plasencia

	L	R	B
Churchill	7" (178)	x 48	**86**
Corona	5½" (140)	x 42	**88**
Lancero	7½" (191)	x 38	
Lonsdale	6½" (165)	x 44	
Presidente	7¾" (197)	x 50	
Robusto	5" (127)	x 50	**80**
Toro	6" (152)	x 50	**89**

León Jimenes
Dominikanische Republik **C**
La Aurora S.A.

	L	R	B
No. 1	7½" (191)	x 50	**83**
No. 2	7" (178)	x 47	**86**
No. 3	6½" (165)	x 42	**83**
No. 4	5 9/16" (141)	x 42	**85**
No. 5	5" (127)	x 38	
Robusto	5½" (140)	x 50	**88**
Torpedo	6½" (165)	x 52	

Licenciados
Dominikanische Republik **D**
Manufactura de Tabacos S.A. de C.V.

	L	R	B
Churchill	7" (178)	x 50	
Excelente	6¾" (171)	x 43	**87**
Expreso	4½" (114)	x 35	
Figurado	6" (152)	x 56	
Numero 4	5¾" (146)	x 43	**80**
Numero 4 Maduro	5¾" (146)	x 43	**86**
Panatela Lindas	7" (178)	x 38	**82**
Presidentes	8" (203)	x 50	**80**
Soberanos	8½" (216)	x 52	
Supreme Maduro No. 200	5¾" (146)	x 43	**82**
Supreme Maduro No. 300	6¾" (171)	x 43	
Supreme Maduro No. 400	6" (152)	x 50	**84**
Supreme Maduro No. 500	8" (203)	x 50	
Toro	6" (152)	x 50	**86**
Wavell	5" (127)	x 50	**86**
Wavell Maduro	5" (127)	x 50	**87**

Stärke: A = mild, **B** = mild bis mittelschwach, **C** = mittel, **D** = mittel bis mittelstark, **E** = stark

	L	R	B
MACABI			
Dominikanische Republik C/D			
Tabacalera A. Fuente y Cia.			
Belicoso Fino	6¼" (159)	x 52	88
Corona Extra	6" (152)	x 50	84
Double Corona	6⅞" (175)	x 49	
Media Corona	5½" (140)	x 43	86
No. 1	6¾" (171)	x 44	85
Royal Corona	5" (127)	x 50	84
Super Corona	7¾" (197)	x 52	
MACANUDO			
Jamaika & Dominikanische Rep. B/C			
General Cigar Co.			
Amatista	6¼" (159)	x 42	89
Ascot	4¼" (108)	x 32	
Baron de Rothschild	6½" (165)	x 42	85
Baron de Rothschild			
Maduro	6½" (165)	x 42	
Caviar	4" (102)	x 36	
Claybourne	6" (152)	x 31	83
Crystal	5½" (140)	x 50	85
Crystal Cafe	5½" (140)	x 50	84
Crystal Tube	5½" (140)	x 50	84
Duke of Devon	5½" (140)	x 42	86
Duke of Devon Maduro	5½" (140)	x 42	83
Duke of Wellington	8½" (216)	x 38	86
Duke of Windsor	6" (152)	x 50	87
Hampton Court	5¾" (146)	x 43	85
Hyde Park	5¼" (133)	x 49	85
Hyde Park Maduro	5½" (140)	x 49	88
Lord Claridge	5½" (140)	x 38	88
Petit Corona	5" (127)	x 38	84
Portofino	7" (178)	x 34	85
Prince Philip	7½" (191)	x 49	85
Prince Philip Maduro	7½" (191)	x 49	85
Prince of Wales Cafe	8" (203)	x 52	
Vintage Cabinet I	7½" (191)	x 49	90
Vintage Cabinet II	6⁹⁄₁₆" (167)	x 43	86
Vintage Cabinet III	5⁹⁄₁₆" (141)	x 43	86
Vintage Cabinet IV	4½" (114)	x 47	
Vintage Cabinet V	5½" (140)	x 49	85
Vintage Cabinet VII	7½" (191)	x 38	83
Vintage Cabinet VIII			
Crystal	5½" (140)	x 50	84
MACANUDO VINTAGE 1993			
Jamaika B			
General Cigar Co.			
No. I	7½" (191)	x 49	
No. II	6⁹⁄₁₆" (167)	x 43	
No. III	5⁹⁄₁₆" (141)	x 43	
No. IV	4½" (114)	x 47	87
No. V	5½" (140)	x 49	88
No. VIII	5½" (140)	x 50	90

	L	R	B
MARIO PALOMINO			
Jamaika B			
Palomino			
Buccaneers	5½" (140)	x 32	
Caballero	7" (178)	x 45	
Cetro	6½" (165)	x 42	
Corona Inmensa	6" (152)	x 47	
Delicado	5½" (140)	x 32	
Festivale	6" (152)	x 41	
Petit Corona	5" (127)	x 41	
Presidente	7½" (191)	x 49	
Rapier	6" (152)	x 32	
MATACAN			
Mexiko C			
Nueva Matacan Tabacos S.A.			
de C.V.			
Natural	4¾" (121)	x 50	
Maduro	4¾" (121)	x 50	
Natural	6⅝" (168)	x 46	
Maduro	6⅝" (168)	x 46	
Natural	6⅞" (175)	x 54	
Maduro	6⅞" (175)	x 54	
Natural	6" (152)	x 50	
Maduro	6" (152)	x 50	
Natural	7½" (191)	x 40	
Maduro	7½" (194)	x 40	
MATCH PLAY			
Dominikanische Republik B			
Tabacos Dominicanos S.A.			
Cypress	4¾" (121)	x 50	84
Olympic	7½" (191)	x 50	
Prestwick	6⅞" (175)	x 46	
St. Andrews	6¼" (159)	x 44	
Troon	7" (178)	x 54	
Turnberry	6" (152)	x 50	80
MAYA			
Honduras B			
Nestor Plasencia			
Cetros	6" (152)	x 43	
Cetros Maduro	6" (152)	x 43	
Churchill	6⅞" (175)	x 49	85
Churchill Maduro	6⅞" (175)	x 49	
Corona	6¼" (159)	x 44	
Coronas Maduro	6¼" (159)	x 44	
Elegante	7" (178)	x 43	
Executive	7¾" (197)	x 50	
Executive Maduro	7¾" (197)	x 50	
Matador	6" (152)	x 50	83
Matador Maduro	6" (152)	x 50	
Palma Fina	6⅞" (175)	x 36	86
Petit	5½" (140)	x 34	82
Petit Corona	5½" (140)	x 42	85
Robusto	5" (127)	x 50	
Robusto Maduro	5" (127)	x 50	

	L	R	B
Torpedo	7" (178)	x 54	
Viajantes	8½" (216)	x 52	

Mi Cubano
Nicaragua **C**
Nestor Plasencia

	L	R	B
No. 450	4" (120)	x 50	
No. 542	5" (127)	x 42	**84**
No. 644	6" (152)	x 44	
No. 650	6" (152)	x 50	**82**
No. 748	7" (178)	x 48	
No. 852	8" (203)	x 52	

Mocha Supreme
Honduras **B**
Nestor Plasencia

	L	R	B
Allegro	6½" (165)	x 36	
Baron Rothschild	4½" (114)	x 52	
Lord	6½" (165)	x 42	
Patroon	7½" (191)	x 50	
Petit	4½" (114)	x 42	
Rembrandt	8½" (216)	x 52	
Renaissance	6" (152)	x 50	
Sovereign	5½" (140)	x 42	

Monte Canario
Kanarische Inseln **B**
Tayco Trading SL

	L	R	B
Imperiales	6½" (165)	x 42	**86**
#3	5¾" (146)	x 42	
Nuncio	6¾" (171)	x 44	**86**
Panatela	6" (152)	x 38	**80**
Robusto	4¾" (121)	x 50	**70**

Montecristo
Kuba **C/D**

	L	R	B
"A"	9½" (241)	x 47	**91**
Especial	7½" (191)	x 38	**86**
Especial No. 1	7½" (191)	x 38	**91**
Especial No. 2	6" (152)	x 38	**87**
Joyitas	4½" (114)	x 26	
No. 1	6½" (165)	x 42	**88**
No. 2	6" (152)	x 52	**94**
No. 3	5½" (140)	x 42	**88**
No. 4	5" (127)	x 42	**89**
No. 5	4" (102)	x 40	
No. 6	4⅞" (124)	x 33	
No. 7	7" (178)	x 28	
Tubos	6⅛" (156)	x 42	

Montecristo
Dominikanische Republik **D**
Consolidated Cigar Corp.

	L	R	B
Churchill	7" (178)	x 48	**89**
Corona Grande	5¾" (146)	x 46	**86**
Double Corona	6¼" (159)	x 50	**86**
No. 1	6½" (165)	x 44	**87**
No. 2	6" (152)	x 50	**87**
No. 3	5½" (140)	x 44	**87**
Robusto	4¾" (121)	x 50	**89**
Tubos	6¼" (159)	x 42	

Montecruz
Dominikanische Republik **C**
Consolidated Cigar Corp.

	L	R	B
Junior	5¼" (133)	x 33	
Robusto	4½" (114)	x 49	**88**
Señores	5¾" (146)	x 35	
Sun-Grown Cedar Aged	5" (127)	x 42	**83**
Sun-Grown Colossus	6½" (165)	x 50	
Sun-Grown Individuales	8" (203)	x 46	**84**
Sun-Grown No. 200	7¼" (184)	x 46	**88**
Sun-Grown No. 201	6¼" (159)	x 46	**85**
Sun-Grown No. 205	7" (178)	x 42	
Sun-Grown No. 210	6½" (165)	x 42	**84**
Sun-Grown No. 220	5½" (140)	x 42	**87**
Sun-Grown No. 230	5" (127)	x 42	**84**
Sun-Grown No. 250	6½" (165)	x 38	
Sun-Grown No. 255	7" (178)	x 36	
Sun-Grown No. 265	5½" (140)	x 38	
Sun-Grown No. 270	4¾" (121)	x 36	
Sun-Grown No. 276	6" (152)	x 32	**85**
Sun-Grown No. 280	7" (178)	x 28	
Sun-Grown No. 281	6" (152)	x 28	**80**
Sun-Grown No. 282	5" (127)	x 28	
Sun-Grown Robusto	4½" (114)	x 49	**83**
Sun-Grown Tubos	6" (152)	x 42	**85**
Sun-Grown Tubulares	6⅛" (156)	x 38	**84**

Montero
Dominikanische Republik **B**
Tabacos Dominicanos S.A.

	L	R	B
Cetro	6" (152)	x 44	
Churchill	6⅞" (175)	x 46	
Presidente	7½" (191)	x 50	
Robusto	6" (152)	x 50	
Toro	6" (152)	x 50	
Torpedo	7" (178)	x 35	

Montesino
Dominikanische Republik **C**
Tabacalera A. Fuente y Cia.

	L	R	B
Cesar No. 2	6¼" (159)	x 44	**83**
Diplomatico	5½" (140)	x 42	**91**
Diplomatico Maduro	5½" (140)	x 42	**86**
Fumas	6¾" (171)	x 44	
Gran Corona	6¾" (171)	x 48	**86**
Gran Corona Maduro	6¾" (171)	x 48	**86**
Napoleon Grande	7" (178)	x 46	
Napoleon Grande Maduro	7½" (191)	x 46	
No. 1	6¾" (171)	x 43	**87**
No. 1 Maduro	6⅞" (175)	x 43	

Stärke: A = mild, **B** = mild bis mittelschwach, **C** = mittel, **D** = mittel bis mittelstark, **E** = stark

	L	R	B
No. 2	6¼" (159)	x 44	
No. 2 Maduro	6¼" (159)	x 44	
No. 3	6¾" (171)	x 36	
No. 3 Maduro	6¾" (171)	x 36	

MORENO MADURO
Dominikanische Republik **B**
Manufactura de Tabacos S.A. de C.V.

	L	R	B
#326	6" (152)	x 32	
#426	6½" (165)	x 42	
#445	5½" (140)	x 44	
#467	7" (178)	x 46	
#486	6" (152)	x 48	
#507	7" (178)	x 50	
#528	8½" (216)	x 52	

NAT SHERMAN
Dominikanische Republik **C**
Consolidated Cigar Corp. & General Cigar Co.

	L	R	B
Academy #2	5" (127)	x 31	
Algonquin	6¾" (171)	x 43	84
Butterfield #8	6½" (165)	x 42	83
City Desk Dispatch	6½" (165)	x 46	85
City Desk Gazette	6" (152)	x 42	83
City Desk Telegraph Maduro	6" (152)	x 50	85
City Desk Tribune	7½" (191)	x 50	86
Exchange Selection Academy No. 2	5" (127)	x 31	78
Exchange Selection Butterfield #8	6½" (165)	x 42	83
Exchange Selection Murray Hill #7	6" (152)	x 38	85
Exchange Selection Oxford #5	7" (178)	x 49	88
Exchange Selection Trafalgar #4	6" (152)	x 47	82
Gotham Selection #65	6" (152)	x 32	84
Gotham Selection #500	7" (178)	x 50	87
Gotham Selection #711	6" (152)	x 50	87
Gotham Selection #1400	6¼" (159)	x 44	85
Landmark Selection Algonquin	6¾" (171)	x 44	85
Landmark Selection Dakota	7½" (191)	x 49	87
Landmark Selection Hampshire	5½" (140)	x 42	87
Landmark Selection Metropole	6" (152)	x 34	82
Landmark Selection Vanderbilt	5" (127)	x 47	82
Manhattan Selection Beekman	5½" (140)	x 28	79
Manhattan Selection Chelsea	6½" (165)	x 38	84

	L	R	B
Manhattan Selection Gramercy	6¾" (171)	x 43	80
Manhattan Selection Sutton	5½" (140)	x 49	84
Manhattan Selection Tribeca	6" (152)	x 31	81
Metropolitan Selection Angler	5½" (140)	x 43	87
Metropolitan Selection Metropolitan	7" (178)	x 52	87
Morgan	7" (178)	x 42	80
Murray Hill #3	6" (152)	x 38	
Murray Hill #7	6" (152)	x 38	83
Oxford	7" (178)	x 49	
Sutton	5½" (140)	x 49	84
Trafalgar No. 4	6" (152)	x 47	84
Tribune	7½" (191)	x 50	86
VIP Selection Astor	4½" (114)	x 50	86
VIP Selection Barnum Glass Tube	5½" (140)	x 42	82
VIP Selection Carnegie	6" (152)	x 48	86
VIP Selection Morgan	7" (178)	x 42	
VIP Selection Ziegfeld	6¾" (171)	x 38	83

NAT SHERMAN
Honduras **C**
Caribe Imported Cigars Inc.

	L	R	B
Churchill	7½" (191)	x 50	
Corona	5½" (140)	x 42	
Hobart	5" (127)	x 50	86
Host Selection Hamilton	5½"(140)	x 42	80
Host Selection Hampton	7" (178)	x 50	
Host Selection Harrington	7" (178)	x 44	
Host Selection Hobart	5" (127)	x 50	86
Host Selection Hudson	5" (127)	x 32	
Host Selection Hunter	6½" (165)	x 43	
Imperial	8½" (216)	x 52	
Lonsdale	6½" (165)	x 42	
Royal Palm	6⅞" (175)	x 37	
Soberanos	6⅞" (175)	x 46	
Super Rothschild	6" (152)	x 50	

NESTOR 747
Honduras **C**
Nestor Plasencia

	L	R	B
Nestor 747	7⅝" (194)	x 47	
Cabinet Series No. 2 Robusto	4¾" (121)	x 54	85

NESTOR 747 VINTAGE
Honduras **C**
Nestor Plasencia

	L	R	B
454	4¾" (121)	x 54	
454 Maduro	4¾" (121)	x 54	
654	6" (152)	x 54	
747	7⅝" (194)	x 47	

	L	R	B
Robusto	4¾" (121)	x 54	
Robusto Larga	6" (152)	x 54	
Robusto Maduro	4¾" (121)	x 54	

Olor
Dominikanische Republik **B**

Tabacalera A. Fuente y Cia.

Colossos	7½" (191)	x 48	**88**
Lonsdale	6½" (165)	x 42	**84**
Momentos	5½" (140)	x 43	**88**
Paco	6" (152)	x 50	**88**

Onyx
Dominikanische Republik **B**

Consolidated Cigar Corp.

Number 642	6" (152)	x 42	**83**
Number 642 Maduro	6" (152)	x 42	**85**
Number 646	6⅝" (168)	x 46	**85**
Number 650	6" (152)	x 50	**87**
Number 650 Maduro	6" (152)	x 50	**80**
Number 750	7½" (191)	x 50	**85**
Number 750 Maduro	7½" (191)	x 50	**85**
Number 852	8" (203)	x 52	
Number 852 Maduro	8" (203)	x 52	

Orient Express
Honduras **C**

Puros de Villa Gonzalez S.A.

Expresso	6" (152)	x 48	**82**
Le Club	7¾" (197)	x 50	
Le Twist #1	6" (152)	x 40	
Le Twist #2	8" (203)	x 38	
#2406	5" (127)	x 50	
#2407	6⅞" (175)	x 36	
#2410	6⅞" (175)	x 49	
#2414	4" (102)	x 40	
#2415	5½" (140)	x 44	
#2418	6⅝" (168)	x 44	

Ornelas
Mexiko **B**

Tabacos Ornelas S.A.

Cafetero Chico	5½" (140)	x 46	
Cafetero Chico Maduro	5½" (140)	x 46	**79**
Cafetero Grande	6½" (165)	x 46	**85**
Churchill	7" (178)	x 49	**79**
Churchill Maduro	7" (178)	x 49	**84**
LTD 5 Al Cognac	6¼" (159)	x 42	
LTD 10 Al Cognac	6¼" (159)	x 42	
LTD 20 Al Cognac	6¼" (159)	x 42	
LTD 25 Al Cognac	6¼" (159)	x 42	
LTD 40 AL Cognac	6¼" (159)	x 42	
Matinee	6" (152)	x 30	**85**
Matinee Light	4¾" (121)	x 30	
#1	6¾" (171)	x 44	**78**
#1 Vanilla	6¾" (171)	x 44	**69**
#2	6" (152)	x 42	
#3	7" (178)	x 38	
#4	5" (127)	x 44	
#5	6" (152)	x 38	**80**
#5 Vanilla	6" (152)	x 38	
#6	5" (127)	x 38	**81**
#6 Vanilla	5" (127)	x 38	
#250	9½" (241)	x 64	**87**
Robusto	4¾" (121)	x 49	**75**
Robusto Maduro	4¾" (121)	x 49	**86**

Oscar
Dominikanische Republik **C**

Dominican Cigar C.A.

No. 300	6¼" (159)	x 44	**81**
No. 500	5½" (140)	x 50	**81**
No. 700	7" (178)	x 54	**88**
Supreme	8" (203)	x 48	**88**

Padrón
Honduras & Nicaragua **C**

Tabacos Centroamericanos S.A.

2000	5" (127)	x 50	**86**
2000 Maduro	5" (127)	x 50	**86**
3000	5½" (140)	x 52	**87**
3000 Maduro	5½" (140)	x 52	**88**
Ambassador	6⅞" (175)	x 42	**83**
Chicos	5½" (140)	x 36	**83**
Churchill Maduro	6⅞" (175)	x 46	**86**
Delicias	4⅞" (124)	x 46	
Executive Maduro	7½" (191)	x 50	**87**
Grand Reserve	8" (203)	x 41	
Londres	5½" (140)	x 42	**85**
Magnum	9" (229)	x 50	**91**
Palmas	6$\frac{5}{16}$" (160)	x 42	**87**
Panatela	6⅞" (175)	x 36	

Padrón 1964 Anniversary Series
Honduras & Nicaragua **C**

Tabacos Centroamericanos S.A.

Corona	6" (152)	x 42	**88**
Diplomatico	7" (178)	x 50	
Exclusivo	5½" (140)	x 50	**92**
Monarca	6½" (165)	x 46	
Piramide	6⅞" (175)	x 52	**82**
Piramide Maduro	6⅞" (175)	x 52	
Superior	6½" (165)	x 42	**83**

Partagás
Kuba **D/E**

Astoria	5¼" (133)	x 42	
Charlotte	5⅝" (143)	x 35	
Churchill Deluxe	7" (178)	x 47	
Corona	5½" (140)	x 42	**86**
Coronas Grandes	6⅛" (156)	x 42	
Culebras	5¾" (146)	x 39	**87**
8-9-8	6⅛" (156)	x 43	**88**
Filipos	5¼" (133)	x 34	

Stärke: A = mild, **B** = mild bis mittelschwach, **C** = mittel, **D** = mittel bis mittelstark, **E** = stark

	L	R	B
Lonsdales	6½" (165)	x 42	
Lusitania	7⅝" (194)	x 49	92
No. 1	6⅝" (168)	x 43	88
No. 6 Selección Superba	4½" (114)	x 40	93
Palmas Grandes	7" (178)	x 33	
Partagás de Partagás	6⅔" (169)	x 43	
Petit Corona	5" (127)	x 42	89
Presidente	6" (152)	x 47	84
Ramonitas	4¾" (121)	x 26	
Royales	4⅞" (124)	x 40	
Selección Privada No. 1	6⅔" (169)	x 43	
Serie D No. 4	5" (127)	x 50	92
Short	4⅓" (110)	x 42	
Trés Petit Corona	4½" (114)	x 40	

PARTAGÁS
Dominikanische Republik D
General Cigar Co.

	L	R	B
Almirante	6" (152)	x 49	85
Aristocrat	6" (152)	x 50	
8-9-8	6⅞" (175)	x 44	88
Humitube	6¾" (171)	x 43	87
Limited Reserve Epicure	5" (127)	x 38	
Limited Reserve Regale	6¼" (159)	x 47	87
Limited Reserve Robusto	5½" (140)	x 49	
Limited Reserve Royale	6¾" (171)	x 43	87
Maduro	6¼" (171)	x 48	85
Naturales	5½" (140)	x 49	83
No. 1	6¾" (171)	x 43	88
No. 2	5⅞" (149)	x 44	86
No. 3	5¼" (133)	x 43	
No. 4	5" (127)	x 38	84
No. 6	6" (152)	x 34	81
No. 10	7½" (191)	x 49	89
Purito	4¼" (108)	x 32	
Robusto	4½" (114)	x 49	87
Sabroso	5⅞" (149)	x 44	86
Tubos	7" (178)	x 38	82

PARTICULARES
Honduras B
Tabacalera Universal

	L	R	B
Churchill	6⅞" (175)	x 49	
Executive Pack	8½" (216)	x 52	
Matador	6" (152)	x 50	
Numero Cuatro	5½" (140)	x 42	
Panatelas	6⅞" (175)	x 35	
Petit	5⅝" (143)	x 34	80
Presidente	7¾" (197)	x 50	
Rothschild	5" (127)	x 50	
Royal Coronas	6¼" (159)	x 43	
Supremos	7" (178)	x 43	
Viajante	8½" (209)	x 52	

PAUL GARMIRIAN
Dominikanische Republik D
Tabacos Dominicanos S.A.

	L	R	B
Belicoso	6¼" (159)	x 52	88
Belicoso Fino	5½" (140)	x 52	86
Bombone	3½" (89)	x 43	87
Celebration	9" (229)	x 50	88
Churchill	7" (178)	x 48	82
Connoisseur	6" (152)	x 50	86
Corona	5½" (140)	x 42	86
Corona Grande	6½" (165)	x 46	
Epicure	5½" (140)	x 50	82
Gourmet Double Corona	7⅝" (194)	x 50	88
Lonsdale	6½" (165)	x 42	78
No. 1	7½" (191)	x 38	
No. 2	4¾" (121)	x 48	80
No. 5	4" (102)	x 40	
P.G. Especial	5¾" (146)	x 38	
P.G. Reserve Gourmet	7⅝" (194)	x 50	89
Panatela	7½" (191)	x 38	87
Petit Bouquet	4½" (114)	x 38	
Petit Corona	5" (127)	x 43	86
Robusto	5" (127)	x 50	81

PENAMIL
Kanarische Inseln C
Citas Tabacos de Canarias S.A.

	L	R	B
No. 5	5⅓" (135)	x 41	
No. 6	5⅞" (149)	x 41	
No. 16	7⅛" (181)	x 38	
No. 17	6⅔" (169)	x 41	
No. 18	7⅛" (181)	x 44	
No. 25	7½" (191)	x 45	
No. 30	7⅔" (195)	x 45	
No. 50	6" (152)	x 50	
No. 57	7½" (191)	x 50	69

PETER STOKKEBYE
Dominikanische Republik B
Manufactura de Tabacos S.A. de C.V.

	L	R	B
Santa Maria #1	7" (178)	x 50	
Santa Maria #2	6¾" (171)	x 38	
Santa Maria #3	5½" (140)	x 43	

PETERSON
Dominikanische Republik B
Cuervo y Hermano

	L	R	B
Churchill	7" (178)	x 48	
Corona	5¾" (146)	x 43	82
Petit Corona	5" (127)	x 43	
Presidente	7½" (191)	x 50	
Robusto	4¾" (121)	x 50	81
Toro	6" (152)	x 50	87
Trés Petite	4½" (114)	x 38	

	L	R	B
PETRUS			
***Honduras* C**			
Cigars of Honduras			
Antonius	5" (127)	x 54	**86**
Chantaco	4¾" (121)	x 35	
Churchill	7" (178)	x 50	**82**
Corona Sublime	6" (152)	x 50	**85**
DC Havana	7¾" (197)	x 50	**86**
Double Corona	7¾" (197)	x 50	**87**
Duchess	4½" (114)	x 30	
Gregorius	5" (127)	x 42	
Lord Byron	8" (203)	x 38	
No. II	6¼" (159)	x 44	
No. II Maduro	6¼" (159)	x 44	**84**
No. III	6" (152)	x 50	
No. IV	5⅝" (143)	x 38	
Palma Fina	6" (152)	x 38	**82**
Rothschild	4¾" (121)	x 50	**74**
Tabaccage 89 Antonius	5" (127)	x 20	
Tabaccage 89 Chantaco	4¾" (121)	x 35	
Tabaccage 89 Churchill	7" (178)	x 50	**84**
Tabaccage 89 Corona Sublime	5½" (140)	x 46	**82**
Tabaccage 89 Corona Sublime Maduro	5½" (140)	x 46	**78**
Tabaccage 89 Sublime Sublime Maduro	5½" (140)	x 46	**72**
Tabaccage 89 Double Corona	7¾" (197)	x 50	
Tabaccage 89 Duchess	4½" (114)	x 30	
Tabaccage 89 Gregorius	5" (127)	x 42	
Tabaccage 89 II	6¼" (159)	x 44	**86**
Tabaccage 89 III	6" (152)	x 50	
Tabaccage 89 IV	5⅝" (143)	x 38	**83**
Tabaccage 89 L. Byron	8" (203)	x 38	
Tabaccage 89 Palma Fina	6½" (165)	x 25	
Tabaccage 89 Petrushkas	4¼" (108)	x 25	
Tabaccage 89 Rothschild	4¾" (121)	x 50	**81**
PLASENCIA			
***Honduras* C**			
Nestor Plasencia			
#1 Maduro	7" (178)	x 43	
#1 Natural	7" (178)	x 43	
#3 Natural	7" (178)	x 36	
#4 Natural	5½" (140)	x 43	
#5 Natural	5½" (140)	x 35	
Churchill Maduro	7" (178)	x 49	
Churchill Natural	7" (178)	x 49	
Corona Especial Maduro	6" (152)	x 44	
Corona Especial Natural	6" (152)	x 44	
Gigante Maduro	8" (203)	x 54	
Gigante Natural	8" (203)	x 54	
Imperial Maduro	7½" (191)	x 50	
Imperial Natural	7½" (191)	x 50	
Rothschild Maduro	4½" (114)	x 50	
Rothschild Natural	4½" (114)	x 50	
Toro Maduro	6" (152)	x 50	
Toro Natural	6" (152)	x 50	
Torpedo Maduro	7" (178)	x 54	
Torpedo Natural	7" (178)	x 54	
Viajante Maduro	8½" (216)	x 52	
Viajante Natural	8½" (216)	x 52	
PLAYBOY BY DON DIEGO			
***Dominikanische Republik* C**			
Consolidated Cigar Corp.			
Churchill	7¾" (197)	x 50	
Double Corona	6" (152)	x 52	
Gran Corona	6¾" (171)	x 48	
Lonsdale	6½" (165)	x 42	
Robusto	5" (127)	x 50	**86**
PLEIADES			
***Dominikanische Republik* C**			
Manufactura de Tabacos S.A. de C.V.			
Aldebaran	8½" (216)	x 50	**85**
Antares	5½" (140)	x 40	**82**
Mars	5" (127)	x 28	**82**
Neptune	7½" (191)	x 42	**79**
Orion	5¾" (146)	x 42	**81**
Perseus	5" (127)	x 34	**79**
Pluton	5" (127)	x 50	**83**
Saturn	8" (203)	x 46	**81**
Sirius	6⅞" (175)	x 46	**81**
Uranus	6⅞" (175)	x 34	
POR LARRAÑAGA			
***Kuba* B/C**			
Coronas	5½" (140)	x 42	
Coronitas	4⅔" (118)	x 34	
Lonsdale	6½" (165)	x 42	
Petit Corona	5" (127)	x 42	
Small Corona	4½" (114)	x 40	
POR LARRAÑAGA			
***Dominikanische Republik* C**			
Consolidated Cigar Corp.			
Cetros	6⅞" (175)	x 42	**87**
Delicados	6½" (165)	x 36	**82**
Fabuloso	7" (178)	x 50	**88**
Nacionales	5½" (140)	x 42	**84**
Petit Cetros en Cedro	5" (127)	x 38	**86**
Pyramid	6" (152)	x 50	**86**
Robusto	5" (127)	x 50	**87**
PRIMO DEL REY			
***Dominikanische Republik* C**			
Consolidated Cigar Corp.			
Aguilas	8" (203)	x 52	
Almirante	6" (152)	x 50	**83**
Almirante Maduro	6" (152)	x 50	**85**
Aristocrat	6¾" (171)	x 48	**81**
Barons	8½" (216)	x 52	

Stärke: A = mild, **B** = mild bis mittelschwach, **C** = mittel, **D** = mittel bis mittelstark, **E** = stark

	L	R	B
Cazadores	6⁷⁄₁₆" (154)	x 43	
Chavon	6½" (165)	x 41	**85**
Churchill	6¼" (159)	x 48	**82**
Club Selección Aristocrat	6¾" (171)	x 48	**83**
Club Selección Barons	8½" (216)	x 52	
Club Selección Nobles	6¼" (159)	x 44	
Club Selección Regals	7" (178)	x 50	**83**
Cortos	4" (102)	x 28	
Lonsdale	6½" (165)	x 42	**82**
Lonsdale Maduro	6½" (165)	x 42	
#1	6¹³⁄₁₆" (173)	x 42	**86**
#2	6¼" (159)	x 42	**88**
#3	6¹³⁄₁₆" (173)	x 36	
#4	5½" (140)	x 42	**87**
#4 Maduro	5½" (140)	x 42	**85**
#100	4½"(114)	x 50	**83**
#100 Maduro	4½" (114)	x 50	**86**
Panatela	5⅜" (137)	x 34	
Panatela Extra	6" (152)	x 34	
Presidente	6¾" (171)	x 44	**85**
Presidente Maduro	6¾" (171)	x 44	
Reales	6⅛" (156)	x 36	
Royal Corona	6" (152)	x 46	**81**
Soberano	7½" (191)	x 50	**89**
Soberano Maduro	7½" (191)	x 50	**87**

PRIVATE STOCK CIGARS
Dominikanische Republik **B**
Tabacos Dominicanos S.A.

	L	R	B
No. 1	7¾" (197)	x 48	
No. 2	6" (152)	x 48	
No. 3	6½" (165)	x 33	
No. 4	5¾" (146)	x 38	
No. 5	5¾" (146)	x 43	
No. 6	5¼" (133)	x 46	
No. 7	4¾" (121)	x 43	
No. 8	4⅝" (117)	x 35	
No. 9	4⅝" (117)	x 26	
No. 10	4" (102)	x 40	
No. 11	4⅝" (117)	x 50	

PUNCH
Kuba **E**

	L	R	B
Black Prince	5⅝" (143)	x 46	
Churchill	7" (178)	x 47	**91**
Corona	5½" (140)	x 42	**89**
Diademas Extra	9" (229)	x 47	**92**
Double Corona	7⅝" (194)	x 49	**91**
Gran Coronas	5¾" (146)	x 40	
Margaritas	4¾" (121)	x 26	
Monarcas	7" (178)	x 47	
Nacionales	5¼" (133)	x 42	
Ninfas	7" (178)	x 38	**88**
Panatelas	4⅔" (118)	x 34	
Panatelas Grandes	7" (178)	x 33	
Petit Coronas del Punch	5" (127)	x 42	
Petit Punch	4" (102)	x 40	
Petit Punch Deluxe	4" (102)	x 40	
Presidentes	5" (127)	x 42	
Punch	5½" (140)	x 46	**87**
Punch Punch	5⅝" (143)	x 46	
Royal Coronations	5⅔" (144)	x 42	
Royal Selection No. 12	5½" (140)	x 42	**86**
Souvenirs Deluxe	4⅞" (124)	x 40	
Très Petit Coronas	4⅓" (110)	x 42	

PUNCH
Honduras **C**
Villazon & Co.

	L	R	B
After Dinner	7½" (191)	x 45	**74**
Amatista	6½" (165)	x 43	**84**
Britannia	6¼" (159)	x 50	
Cafe Royal	6" (152)	x 43	**88**
Casa Grande	7¼" (184)	x 46	
Chateau L	7⅜" (188)	x 52	**85**
Chateau L Maduro	7¼" (184)	x 54	**85**
Chateau M	5¾" (146)	x 46	**85**
Chateau M Maduro	6¾" (171)	x 46	**86**
Corona	6¼" (159)	x 45	**88**
Deluxe Series Chateau L	7½" (191)	x 52	**85**
Deluxe Series Chateau L Maduro	7¼" (184)	x 52	**85**
Deluxe Series Chateau M	5½" (140)	x 46	**85**
Deluxe Series Chateau M Maduro	5½" (140)	x 46	**86**
Deluxe Series Coronas	5¼" (133)	x 44	
Deluxe Series Royal Coronation	5¼" (133)	x 44	**83**
Diademas	7¼" (184)	x 54	
Double Corona	6¾" (171)	x 48	**85**
Double Corona Maduro	6¾" (171)	x 48	**86**
Elite	5¼" (133)	x 44	**85**
Gran Cru Britannia	6¼" (159)	x 50	**88**
Gran Cru Diademas	7¼" (184)	x 54	**82**
Gran Cru Monarch	6¾" (171)	x 48	**87**
Gran Cru Prince Consort	8½" (216)	x 52	**85**
Gran Cru Robusto	5¼" (133)	x 50	**84**
Gran Cru Superior	5½" (140)	x 48	
Gran Cru Superior Deluxe	5½" (140)	x 48	**83**
Largo Elegante	7" (178)	x 32	
London Club	5" (127)	x 40	
Lonsdale	6½" (165)	x 43	**85**
Monarcas	6¾" (171)	x 48	
#1	6⅜" (162)	x 43	**86**
#75	5½" (140)	x 43	**84**
Pita Maduro	6⅛" (156)	x 50	**87**
Presidente	8½" (216)	x 52	
Prince Consorts	8½" (216)	x 52	
Punch	6¼" (159)	x 45	**81**
Robustos	5¼" (133)	x 50	

	L	R	B
Rothschild	4½" (114)	x 50	**84**
Rothschild Maduro	4½" (114)	x 50	**86**
Royal Coronation	5½" (140)	x 44	**83**
Slim Panatelas	4" (102)	x 28	
Super Rothschild	5½" (140)	x 50	**88**
Superiors	5½" (140)	x 48	

Puros Indios

Honduras **D**

Puros Indios Cigars, Inc.

	L	R	B
Churchill Especial Colorado	7¼" (184)	x 53	
Churchill Especial Colorado Claro	7¼" (184)	x 53	
Churchill Especial Maduro	7¼" (184)	x 53	
Churchill Maduro	7¼" (184)	x 52	**86**
Corona Gorda	6" (152)	x 52	**86**
Corona Gorda Maduro	6" (152)	x 52	**86**
Nacionales Colorado	6½" (165)	x 43	
Nacionales Colorado Claro	6½" (165)	x 43	
Nacionales Maduro	6½" (165)	x 43	
No. 1 Especial Colorado	7" (178)	x 48	
No. 1 Especial Colorado Claro	7" (178)	x 48	
No. 1 Especial Maduro	7" (178)	x 48	
No. 2 Especial Colorado	6½" (165)	x 46	
No. 2 Especial Colorado Claro	6½" (165)	x 46	
No. 2 Especial Maduro	6½" (165)	x 46	
No. 4 Especial	5½" (140)	x 44	**90**
No. 4 Especial Colorado	5½" (140)	x 44	
No. 4 Especial Colorado Claro	5½" (140)	x 44	
No. 4 Especial Maduro	5½" (140)	x 44	
No. 5 Especial Colorado	5" (127)	x 36	**87**
No. 5 Especial Colorado Claro	5" (127)	x 36	**83**
Palmas Real Colorado	7" (178)	x 38	
Palmas Real Colorado Claro	7" (178)	x 38	
Palmas Real Maduro	7" (178)	x 38	
Petit Perla	5" (127)	x 38	**82**
Petit Perla Colorado Claro	5" (127)	x 38	
Petit Perla Maduro	5" (127)	x 38	
Presidente Colorado	7¼" (184)	x 47	
Presidente Colorado Claro	7¼" (184)	x 47	
Presidente Maduro	7¼" (184)	x 47	
Pyramid No. 1	7½" (191)	x 60	**92**
Pyramid No. 1 Colorado	7½" (191)	x 60	
Pyramid No. 1 Colorado Claro	7½" (191)	x 60	
Pyramid No. 1 Maduro	7½" (191)	x 60	
Pyramid No. 2	6½" (165)	x 46	**90**
Pyramid No. 2 Colorado Claro	6½" (165)	x 46	
Pyramid No. 2 Maduro	6½" (165)	x 46	
Rothschild Colorado	5" (127)	x 50	**87**
Rothschild Colorado Claro	5" (127)	x 50	
Rothschild Maduro	5" (127)	x 50	
Toro Especial Colorado	6" (152)	x 50	
Toro Especial Colorado Claro	6" (152)	x 50	

Quai d'Orsay

Kuba **C**

	L	R	B
Corona Claro	5½" (140)	x 42	
Corona Claro Claro	5½" (140)	x 42	
Gran Corona	6⅛" (156)	x 42	
Imperiales	7" (178)	x 47	**90**
Panatela	7" (178)	x 33	

Quintero

Kuba **C**

	L	R	B
Churchill	6½" (165)	x 42	**92**
Coronas	5½" (140)	x 42	
Coronas Selectas	5½" (140)	x 42	
Medias Coronas	5" (127)	x 40	**84**

Rafael Gonzalez

Kuba **D**

	L	R	B
Coronas Extra	5⅝" (143)	x 46	
Demi Tasse	4" (102)	x 30	
Lonsdale	6½" (165)	x 42	**91**
Panatelas	4⅔" (118)	x 34	
Petit Corona	5" (127)	x 42	
Petit Lonsdale	5" (127)	x 42	
Slenderellas	7" (178)	x 28	
Très Petit Corona	4⅓" (110)	x 40	
Très Petit Lonsdale	4½" (114)	x 40	

Ramon Allones

Kuba **D**

	L	R	B
Allones Specially Selected	4⅞" (124)	x 50	
Corona	5½" (140)	x 42	**89**
Gigantes	7⅝" (194)	x 49	**94**
8-9-8	6⅔" (169)	x 43	
Ideales	6½" (165)	x 40	**89**
No. 66 (perfecto)	6" (152)	x keine Angabe	**87**
Petit Corona	5" (127)	x 42	
Ramonitas	4¾" (121)	x 26	
Small Club Corona	4⅓" (110)	x 42	
Specially Selected	5" (127)	x 50	**91**

Stärke: A = mild, **B** = mild bis mittelschwach, **C** = mittel, **D** = mittel bis mittelstark, **E** = stark

Ramón Allones
Dominikanische Republik **B**
General Cigar Co.

	L	R	B
"A"	7" (178)	x 45	**85**
"B"	6½" (165)	x 42	**87**
"D"	5" (127)	x 42	**86**
Crystal Tube	6½" (165)	x 43	**86**
Redondos	7" (178)	x 49	**85**
Trump	6¾" (171)	x 43	**83**

Rollers Choice
Dominikanische Republik **B**
Manufactura de Tabacos S.A. de C.V.

	L	R	B
Cetros	5½" (140)	x 43	
Corona	6" (152)	x 43	
Double Corona	7" (178)	x 50	
Fino	5½" (140)	x 41	
Lonsdale	6½" (165)	x 46	
Pequeño	4¼" (108)	x 40	
Robusto	5" (127)	x 50	
Toros	6" (152)	x 50	
Torpedo	5½" (140)	x 56	

Romeo y Julieta
Kuba **D**

	L	R	B
Alfred Dunhill Ltd. Selection No. 758	6½" (165)	x 42	**97**
Alfred Dunhill Ltd. Selection Sun-Grown	5½" (140)	x 44	**89**
Belicoso	5½" (140)	x 52	**90**
Belvedere	5½" (140)	x 39	**84**
Cazadores	6⅓" (161)	x 44	
Cedros De Luxe No. 1	6½" (165)	x 42	
Cedros De Luxe No. 2	5½" (140)	x 42	
Cedros De Luxe No. 3	5" (127)	x 42	
Celestiales Finos	5" (127)	x 46	**87**
Churchill	7" (178)	x 47	**92**
Club Kings	5" (127)	x 42	
Corona	5½" (140)	x 42	**89**
Coronas Grandes	6⅛" (156)	x 42	**90**
Excepciónales	5" (127)	x 42	
Exhibición No. 3	5½" (140)	x 46	**91**
Exhibición No. 4	5" (127)	x 48	**92**
Fabulosos	9" (229)	x 47	**91**
Julietas	4½" (114)	x 40	
Nacionales	5¼" (133)	x 42	
Palmas Reales	7" (178)	x 33	
Panatelas	4⅔" (118)	x 34	
Petit Corona	5" (127)	x 42	**89**
Petit Julietas	4" (102)	x 30	
Petit Princess	4" (102)	x 40	
Plateados de Romeo	5" (127)	x 40	
Prince of Wales	7" (178)	x 47	
Romeo No. 1 De Luxe	5½" (140)	x 42	
Romeo No. 2 De Luxe	5" (127)	x 42	
Romeo No. 3 De Luxe	4⅔" (118)	x 40	
Shakespeare	6½" (165)	x 28	**85**
Sun-Grown Brevas	5½" (140)	x 44	**89**
Très Petit Corona	4½" (114)	x 40	

Romeo y Julieta
Dominikanische Republik **B**
Manufactura de Tabacos S.A. de C.V.

	L	R	B
Brevas	5⅝" (143)	x 38	
Cetro	6½" (165)	x 44	
Chiquitas	5/14" (7)	x 32	
Churchill	7" (178)	x 50	**83**
Corona	5½" (140)	x 44	**83**
Delgados	7" (178)	x 32	
Monarca	8" (203)	x 52	
Palma	6" (152)	x 43	**84**
Panatela	5¼" (133)	x 35	
Presidente	7" (178)	x 43	**88**
Romeo	6" (152)	x 46	**85**
Rothschild	5" (127)	x 50	**87**
Rothschild Maduro	5" (127)	x 50	**87**
Vintage I	6" (152)	x 42	**87**
Vintage II	6" (152)	x 46	**87**
Vintage III	4½" (114)	x 50	**86**
Vintage IV	7" (178)	x 48	**85**
Vintage V	7½" (191)	x 50	**89**
Vintage VI	6½" (165)	x 60	

Royal Dominicana
Dominikanische Republik **B**
Manufactura de Tabacos S.A. de C.V.

	L	R	B
Churchill	7¼" (184)	x 50	
Corona	6" (152)	x 46	
Nacional	5½" (140)	x 43	
No. 1	6¾" (171)	x 43	
Super Fino	6" (152)	x 35	

Royal Jamaica
Jamaika **B**
Consolidated Cigar Corp.

	L	R	B
Buccaneer	5½" (140)	x 30	**88**
Buccaneer Maduro	5½" (140)	x 30	
Churchill	8" (203)	x 51	
Churchill Maduro	8" (203)	x 51	**86**
Corona	5½" (140)	x 40	**87**
Corona Maduro	5½" (140)	x 40	**87**
Corona Grande	6½" (165)	x 42	**84**
Corona Grande Maduro	6½" (165)	x 42	**85**
Corona Maduro	5½" (140)	x 40	**87**
Director	6" (152)	x 45	**87**
Double Corona	7" (178)	x 45	**87**
Doubloon	7" (178)	x 30	
Gauchos	5" (127)	x 33	**85**
Giant Corona	7½" (191)	x 49	**83**
Goliath	9" (229)	x 64	**80**
Individuals	8½" (216)	x 52	
Navarro	6¾" (171)	x 34	

	L	R	B
New York Plaza	6" (152)	x 40	
No. 1 Tube	6" (152)	x 45	82
No. 2 Tube	6½" (165)	x 34	85
No. 10 Downing Street	10" (254)	x 51	
Park Lane	6" (152)	x 47	85
Petit Corona	5" (127)	x 40	83
Pirate	4½" (114)	x 30	
Rapier	6½" (165)	x 28	
Robusto	4½" (114)	x 49	85
Royal Corona	6" (152)	x 40	

SAINT LUIS REY
Kuba **D**

	L	R	B
Churchill	7" (178)	x 47	89
Coronas	5½" (140)	x 42	
Lonsdale	6½" (165)	x 42	88
Regios	5" (127)	x 48	
Serie A	5⅝" (143)	x 46	

SAINT LUIS REY
Honduras **C**
Tabacos Rancho Jamastran

	L	R	B
Churchill	7" (178)	x 50	
Lonsdale	6½" (165)	x 44	86
Serie A	6" (152)	x 50	85
Torpedo	6" (152)	x 54	

SANCHO PANZA
Kuba **D**

	L	R	B
Bachilleres	4½" (114)	x 40	
Belicoso	5½" (140)	x 52	86
Coronas	5½" (140)	x 42	
Coronas Gigantes	7" (178)	x 47	
Dorados	6½" (165)	x 42	
Molinas	6½" (165)	x 42	91
Non Plus	5" (127)	x 42	85
Sanchos	9¼" (235)	x 47	86
Tronquitos	5½" (140)	x 42	

SANCHO PANZA
Honduras **B**
Villazon & Co.

	L	R	B
Cuban No. 4	5" (127)	x 42	
Habaneros	6¼" (159)	x 45	
Miramar	6" (152)	x 50	
Sanchos	9¼" (235)	x 47	86
Seville	7½" (191)	x 50	

SANTA CLARA
Mexiko **C**
Tabacos Santa Clara

	L	R	B
I	7½" (191)	x 52	87
I Maduro	7½" (191)	x 52	
II	6½" (165)	x 48	78
II Maduro	6½" (165)	x 48	
III	6¾" (171)	x 43	85
III Maduro	6¾" (171)	x 43	

	L	R	B
IV	5" (127)	x 44	
IV Maduro	5" (127)	x 44	
V	6" (152)	x 43	87
V Maduro	6" (152)	x 44	
VI	6" (127)	x 50	79
VII	5½" (140)	x 25	
VII Maduro	5½" (140)	x 25	
VIII	nicht erhältlich		
No. 1830	6" (152)	x 50	85
Premier Tubes	6¾" (171)	x 38	
Quino	4¼" (108)	x 30	
Robusto	4½" (114)	x 50	72
Robusto Maduro	4½" (114)	x 50	

SANTA DAMIANA
Dominikanische Republik **C**
Consolidated Cigar Corp.

	L	R	B
#100	6¾" (171)	x 48	83
#300	5½" (140)	x 46	83
#500	5" (127)	x 50	84
#700	6½" (165)	x 42	82
#800	7" (178)	x 50	84

SANTA MARIA
Dominikanische Republik **C**
Manufactura de Tabacos S.A. de C.V.

	L	R	B
#1	7" (178)	x 50	
#2	6¾" (171)	x 38	
#3	5½" (140)	x 43	

SANTA ROSA
Honduras **C**
Flor de La Copan

	L	R	B
Cetros	6" (152)	x 42	86
Churchill	7" (178)	x 49	87
Corona	6½" (165)	x 44	83
Elegante	7" (178)	x 43	
Embajadores	7" (178)	x 43	
Largos	6¾" (171)	x 35	
Numero Cuatro	5½" (140)	x 42	86
Regulares	5½" (140)	x 45	
Sancho Panza Maduro	4½" (114)	x 50	81
Toro	6" (152)	x 50	86

**SAVINELLI EXTREMELY LIMITED
RESERVE**
Dominikanische Republik **C**
Tabacalera Arturo Fuente y Cia.

	L	R	B
E.L.R. #1 Churchill	7¼" (184)	x 48	88
E.L.R. #2 Corona Extra	6⅝" (168)	x 46	
E.L.R. #3 Lonsdale	6¼" (159)	x 43	88
E.L.R. #4 Double Corona	6" (152)	x 50	87
E.L.R. #5 Extraordinaire	5½" (140)	x 44	89
E.L.R. #6 Robusto	5" (127)	x 49	88

Stärke: A = mild, **B** = mild bis mittelschwach, **C** = mittel, **D** = mittel bis mittelstark, **E** = stark

	L		R	B
Savinelli Oro				
***Dominikanische Republik* C**				
La Aurora S.A.				
ORO 750 #1 Churchill	7"	(178)	x 47	
ORO 750 #2 Lonsdale	6½"	(165)	x 44	
ORO 750 #3 Robusto	5"	(127)	x 50	
ORO 750 #4 Corona Gorda	6⅜"	(162)	x 48	
ORO 750 #5 Corona	5%₁₆"	(141)	x 42	
Siglo 21				
***Dominikanische Republik* B**				
Puros de Villa Gonzalez S.A.				
#1	4½"	(114)	x 50	
#2	6½"	(165)	x 44	
#3	6"	(152)	x 50	
#4	7"	(178)	x 48	
#5	8"	(203)	x 50	
21-4	7"	(178)	x 48	
Signature Collection by Santiago Cabana				
***USA & Dominikanische Republik* D**				
Caribbean Cigar Co.				
Caribe	5½"	(140)	x 44	
Chica	5"	(127)	x 38	
Churchill	7¼"	(184)	x 50	
Corona	6½"	(165)	x 42	
Double Corona	7½"	(191)	x 46	
Lancero	7½"	(191)	x 38	
Presidente	7½"	(191)	x 54	
Robusto	5"	(127)	x 50	**87**
Torpedo	6½"	(165)	x 54	**90**
Sosa				
***Dominikanische Republik* C**				
Tabacalera A. Fuente y Cia.				
Brevas	5½"	(140)	x 43	**84**
Brevas Maduro	5½"	(140)	x 43	
Churchill	7"	(178)	x 48	**88**
Churchill Maduro	7"	(178)	x 48	**88**
Family Selection Intermezzo	5"	(127)	x 32	
Family Selection No. 1	6¾"	(171)	x 43	**85**
Family Selection No. 2	6¼"	(159)	x 54	**88**
Family Selection No. 3	5¾"	(146)	x 44	
Family Selection No. 4	5"	(127)	x 40	
Family Selection No. 5	5"	(127)	x 50	**86**
Family Selection No. 6	6¼"	(159)	x 38	**82**
Family Selection No. 7	6"	(152)	x 50	
Family Selection No. 8	6¾"	(171)	x 48	
Family Selection No. 9	7¾"	(197)	x 52	
Governor	6"	(152)	x 50	**88**
Governor Maduro	6"	(152)	x 50	
Lonsdale	6½"	(165)	x 43	**78**
Lonsdale Maduro	6½"	(165)	x 43	
Magnums	7½"	(191)	x 52	

	L		R	B
Magnums Maduro	7½"	(191)	x 52	
No. 1	6½"	(165)	x 43	**87**
Pyramid #2	7"	(178)	x 64	**80**
Pyramid #2 Maduro	7"	(178)	x 64	
Rothschild Maduro	4¾"	(121)	x 49	**88**
Santa Fe	6"	(152)	x 35	**85**
Santa Fe Maduro	6"	(152)	x 35	
Soberano	7½"	(191)	x 52	**88**
Wavell	4¾"	(121)	x 50	**88**
Wavell Maduro	4¾"	(121)	x 50	**87**
Tabacalera				
***Philippinen* A/B**				
La Flor de la Isabella, Inc.				
Banderilla	7¼"	(184)	x 38	
Breva	5⅟₁₆"	(129)	x 44	
Conde de Guell	6⅝"	(168)	x 38	
Coronas	5½"	(140)	x 42	
Coronas Largas	6½"	(165)	x 44	
Coronas Largas Especiales	8"	(203)	x 47	
Cortado	5⅛"	(130)	x 45	
Double Corona	8½"	(216)	x 50	
Gigantes	14¼"	(360)	x 72	
Half Corona	4"	(102)	x 37	
Panatelas	5"	(127)	x 35	
Panatelas Larga	5¾"	(146)	x 35	
Robusto	5"	(127)	x 50	
Tabaquero				
***Dominikanische Republik* A**				
Palma Industries				
542	5"	(127)	x 42	**82**
638	6"	(152)	x 38	
644	6"	(152)	x 50	
650	6"	(152)	x 50	
746	7"	(178)	x 46	
754	7"	(178)	x 54	
850	8"	(203)	x 50	
Te-Amo				
***Mexiko* C**				
Nueva Matacan Tabacos S.A. de C.V.				
C.E.O.	8½"	(216)	x 52	**82**
C.E.O. Maduro	8½"	(216)	x 52	
Caballero	7"	(178)	x 35	
Celebration	6¾"	(171)	x 44	**81**
Churchill	7½"	(171)	x 50	**82**
Churchill Lite	7½"	(171)	x 50	
Churchill Maduro	7½"	(171)	x 50	**84**
Double Perfecto	7"	(178)	x 52	
Double Perfecto Maduro	7"	(178)	x 52	
Elegante	5½"	(140)	x 30	
Elegante Light	5¾"	(146)	x 27	
Epicure	5"	(127)	x 30	
Figurado	6½"	(165)	x 50	**85**
Figurado Maduro	6½"	(165)	x 50	

	L	R	B
Gran Piramide	7¼" (184)	x 54	84
Gran Piramide Maduro	7¼" (184)	x 54	
Impulse Lights	5" (127)	x 32	81
Intermezzo	4" (102)	x 28	
Maximo Churchill	7" (178)	x 54	
Maximo Churchill Maduro	7" (178)	x 54	86
Meditation	6" (152)	x 42	85
Meditation Light	6" (152)	x 42	
Meditation Maduro	6" (152)	x 42	
No. 4	5" (127)	x 42	83
Pauser	5⅜" (137)	x 35	
Picador	7" (178)	x 27	
Picador Maduro	7" (178)	x 27	
Piramide	6" (152)	x 50	83
Piramide Maduro	6" (152)	x 50	
Presidente	7" (152)	x 50	84
Presidente Maduro	7" (152)	x 50	83
Relaxation	6⅝" (168)	x 44	82
Relaxation Maduro	6⅝" (168)	x 44	
Robusto	5½" (140)	x 54	
Robusto Maduro	5½" (140)	x 54	81
Satisfaction Maduro	6" (152)	x 46	82
Torero	6½" (165)	x 35	81
Torero Light	6⁹⁄₁₆" (167)	x 35	
Torito	4¾" (121)	x 50	82
Torito Maduro	4¾" (121)	x 50	85
Toro	6" (152)	x 50	86
Toro Light	6" (152)	x 50	
Toro Maduro	6" (152)	x 50	84

TE-AMO NEW YORK, NEW YORK
Mexiko C
Nueva Matacan Tabacos S.A. de C.V.

	L	R	B
Broadway	7¼" (184)	x 48	
5th Avenue	5½" (140)	x 44	
La Guardia	5" (127)	x 54	87
Park Avenue	6⅝" (168)	x 42	80
7th Avenue	6½" (165)	x 46	
Wall Street	6" (152)	x 52	84

TEMPLE HALL
Jamaika C
General Cigar Co.

	L	R	B
Belicoso	6" (152)	x 50	88
No. 450	4½" (114)	x 49	
No. 450 Maduro	4½" (114)	x 49	86
No. 500	5" (127)	x 31	
No. 550	5½" (140)	x 50	86
No. 625	6¼" (159)	x 42	82
No. 675	6¾" (171)	x 45	
No. 685	6⅞" (175)	x 34	87
No. 700	7½" (191)	x 49	84

TESOROS DE COPAN
Honduras C
Cigars of Honduras

	L	R	B
Cetros	6¼" (159)	x 44	84
Churchill	7" (178)	x 50	
Corona	5¼" (133)	x 46	77
Lindas	5⅝" (143)	x 38	85
Toros	6" (152)	x 50	
Yumbo	4¾" (121)	x 50	

THE GRIFFIN'S
Dominikanische Republik C
Tabacos Dominicanos S.A.

	L	R	B
Don Bernardo	9" (229)	x 46	85
Griffiños	3¾" (95)	x 18	
No. 100	7" (178)	x 38	84
No. 200	7" (178)	x 44	81
No. 300	6⅔" (165)	x 42	84
No. 400	6" (152)	x 38	86
No. 500	5¹⁄₁₆" (129)	x 50	
Prestige	8" (203)	x 48	85
Privilege	5" (127)	x 30	86
Robusto	5" (127)	x 50	88

THOMAS HINDS
HONDURAN SELECTION
Honduras C
Nestor Plasencia

	L	R	B
Churchill	7" (178)	x 49	88
Corona	5½" (140)	x 42	86
Presidente	8½" (216)	x 52	87
Robusto	5" (127)	x 50	84
Royal Corona	6" (152)	x 43	
Short Churchill	6" (152)	x 50	82
Supremos	7" (178)	x 43	85
Torpedo	6" (152)	x 52	86

THOMAS HINDS
NICARAGUAN SELECTION
Nicaragua C
Tabacos Puros de Nicaragua

	L	R	B
Cabinet Selection			
Robusto	5" (127)	x 50	87
Churchill	7" (178)	x 49	
Churchill Maduro	7" (178)	x 49	83
Corona	5½" (140)	x 42	84
Corona Maduro	5½" (140)	x 42	
Corona Gorda	6" (152)	x 50	84
Corona Gorda Maduro	6" (152)	x 50	84
Lonsdale	6⅔" (165)	x 43	87
Lonsdale Extra	7" (178)	x 43	
Lonsdale Extra Maduro	7" (178)	x 43	
Robusto	5" (127)	x 50	85
Robusto Maduro	5" (127)	x 50	84
Short Churchill	6" (152)	x 50	85

Stärke: A = mild, **B** = mild bis mittelschwach, **C** = mittel, **D** = mittel bis mittelstark, **E** = stark

	L	R	B
Short Churchill Maduro	6" (152)	x 50	
Torpedo	6" (152)	x 52	
Torpedo Maduro	6" (152)	x 52	

TOPPER
Honduras **B**
Nestor Plasencia

	L	R	B
Churchill	7½" (191)	x 50	
Corona	5½" (140)	x 43	
Numero Uno	6½" (165)	x 43	
Panatela	7" (178)	x 34	
Rothschild	4½" (114)	x 50	
Toro	6" (152)	x 50	

TOPPER CENTENNIAL
Dominikanische Republik **B**
Manufactura de Tabacos S.A. de C.V.

	L	R	B
Lonsdale	6¾" (171)	x 43	
Toro	6" (152)	x 50	

TRESADO
Dominikanische Republik **A**
Consolidated Cigar Corp.

	L	R	B
Selección #100	8" (203)	x 53	
Selección #200	7" (178)	x 48	83
Selección #200 Maduro	7" (178)	x 48	89
Selección #300	6" (152)	x 46	84
Selección #400	6⅝" (168)	x 44	86
Selección #500	5½" (140)	x 42	85
Selección #500 Maduro	5½" (140)	x 42	83

TROYA
Dominikanische Republik **C**
Tabacos Dominicanos S.A.

	L	R	B
Clasica	5½" (140)	x 42	84
Clasica #27	5½" (140)	x 42	
Clasica #72	7½" (191)	x 50	
#18 Rothschild	4½" (114)	x 50	83
#18 Rothschild Maduro	4½" (114)	x 50	87
#27 Corona	5½" (140)	x 42	87
#36 Palma Fina	7" (178)	x 36	
#45 Cetro	6¼" (159)	x 44	90
#45 Cetro Maduro	6¼" (159)	x 44	83
#54 Elegante	7" (178)	x 43	86
#54 Elegante Maduro	7" (178)	x 43	
#63 Churchill	6⅞" (175)	x 46	86
#63 Churchill Maduro	6⅞" (175)	x 46	84
#72 Executive	7¾" (197)	x 50	82
#72 Executive Maduro	7¾" (197)	x 50	
#81 Torpedo	7" (178)	x 54	87
#81 Torpedo Maduro	7" (178)	x 54	

V CENTENNIAL
Honduras **C/D**
Nestor Plasencia

	L	R	B
Cetro	6¼" (159)	x 44	89
Cetro Maduro	6¼" (159)	x 44	
Churchill	7" (178)	x 48	87
Churchill Maduro	6⅞" (175)	x 48	84
Corona	5½" (140)	x 42	83
Numero 1	7½" (191)	x 38	88
Numero 2	6" (152)	x 50	88
Numero 2 Maduro	6" (152)	x 50	84
Presidente	8" (203)	x 50	83
Robusto	5" (127)	x 50	87
Robusto Maduro	5" (127)	x 50	85
Torpedo	7" (178)	x 54	87

VARGAS
Kanarische Inseln **C/D**
Tabacos Vargas SL

	L	R	B
Capitolios	5⅛" (130)	x 44	
Churchill	7½" (191)	x 50	
Diplomaticos	5½" (140)	x 36	77
Presidentes	6¾" (171)	x 46	
Reserva Cenadores	5½" (140)	x 46	84
Robusto	4¾" (121)	x 50	83

VIRTUOSO
Honduras **C**
Nestor Plasencia

	L	R	B
Cetros	6" (152)	x 43	
Double Corona	6" (152)	x 50	
Double Corona Maduro	6" (152)	x 50	
Lonsdale	7" (178)	x 44	
Lonsdale Maduro	7" (178)	x 44	
Presidente	8" (203)	x 52	
Presidente Maduro	8" (203)	x 52	
Robusto	4¾" (121)	x 52	
Robusto Maduro	4¾" (121)	x 52	

VUELTABAJO
Dominikanische Republik **C**
Cuervo y Hermano

	L	R	B
Churchill	6¾" (171)	x 48	83
Corona	5½" (140)	x 42	86
Gigante	8½" (216)	x 52	83
Lonsdale	6½" (165)	x 43	80
Pyramid	7" (178)	x 54	84
Robusto	4½" (114)	x 50	86
Toro	6" (152)	x 50	82

	L	R	B
ZINO			
Honduras C			
La Flor de Copan			
Diamonds	5½" (140) x 40		86
Elegance	6¾" (171) x 34		
Juniors	6½" (165) x 30		81
Mouton-Cadet No. 1	6½" (165) x 44		86
Mouton-Cadet No. 2	6" (152) x 35		83
Mouton-Cadet No. 3	5¾" (146) x 36		85
Mouton-Cadet No. 4	5⅛" (130) x 30		86
Mouton-Cadet No. 5	5" (127) x 42		87
Mouton-Cadet No. 6	5" (127) x 50		82

	L	R	B
Princesse	4¼" (108) x 20		
Tradition	6¼" (159) x 44		84
Tubos No. 1	6¾" (171) x 34		
Veritas	7" (178) x 50		86
ZINO CONNOISSEUR SERIES			
Honduras C			
La Flor de Copan			
100	7½" (191) x 52		
200	6½" (165) x 48		
300	5¾" (146) x 46		

GLOSSAR

Viele der folgenden Begriffe kennen Sie bereits. Aber auch neue Begriffte wurden hier aufgenommen – sie sind zum späteren Nachschlagen gedacht, denn wahrscheinlich tauchen sie irgendwann in Gesprächen mit Aficionados einmal auf.

Amarillo: Gelbes Deckblatt, das im Schatten gewachsen ist.

Amatista: Glasbehälter mit 50 Zigarren (gelegentlich auch 25), der versiegelt ist, um als »fabrikfrisch« verkauft werden zu können.

Bauchbinde: Papierring, der die Zigarre am Kopfende umgibt. Angeblich wurde sie von Katharina der Großen oder von spanischen Adeligen erfunden, die damit ihre Handschuhe vor Flecken schützen wollten. Andere schreiben die Erfindung einem holländischen Werbungs- und Marketinggenie namens Gustav Bock zu. Auf der Bauchbinde findet sich oft der Name der Marke oder des Herkunftslandes und/oder der Hinweis, daß die Zigarre handgerollt ist. Es ist sowohl erlaubt, die Bauchbinde während des Rauchens an der Zigarre zu lassen, als auch sie abzunehmen, solange das Deckblatt dabei nicht verletzt wird.

Befeuchtung: Bei der Zigarrenherstellung wird der gereifte Tabak von Arbeitern nach seiner Lagerung und vor dem Transport zur Fabrik vorsichtig mit Wasser besprüht. Das erleichtert den Zigarrenrollern anschließend die Arbeit.

Belicoso: Traditionell eine kurze Zigarre im Pyramidenformat mit einer Länge von 5 oder 5½ Inches (127 bis 140 mm), einem kurzen Rundkopf und einem Ringmaß nicht über 50. Heute nennt man Coronas oder Corona Gordas mit einem Rundkopf häufig »Belicoso«.

Binder: s. »Umblatt«.

Blüte: Ein natürliches Phänomen, das beim Reifungsprozeß der Zigarre auftritt und das man auch »Plume« nennt. Es wird durch die Öle verursacht, die in den späteren Phasen der Fermentation austreten und besteht aus einem feinen weißen Staub auf der Zigarre, den man abwischen kann.

Boîte nature: Kiste aus Zedernholz, in der sehr viele Zigarren verkauft werden.

Book Style: Art und Weise, in der die meisten besseren Einlageblätter in der Länge (wie die Seiten eines Buches) gefaltet werden. Maschinengefertigte Zigarren machen eher von Kurzblatt-Einlagen Gebrauch.

Box-pressed: Die leicht quadratische Form, die Zigarren annehmen, wenn sie in einer Kiste sehr dicht gepackt werden.

Brandende: Am Brandende wird die Zigarre angezündet. Bei den meisten Formaten ist es angeschnitten, bei Torpedos und Perfectos versiegelt.

Bündel: Verpackungsmethode in Zellophanhüllen. Ein Bündel enthält üblicherweise 25 oder 50 Zigarren ohne Binde. Die zweite Wahl von »Premiumzigarren« (s. dort) wird oft in Bündeln verkauft.

Burros (Spanisch: Esel): Stapel oder große Haufen, in denen der Zigarrentabak eine zweite Fermentation durchläuft. Sie können mannshoch sein. Wenn die Temperatur im Inneren der Burros zu hoch wird (über 42 °C), wird der Burro aufgelöst, um die Fermentierung zu verlangsamen.

Cabinet Selection: Zigarren, die meistens in hölzernen Kisten und nicht in den Standardkisten aus Karton oder Papier verpackt sind. Holzkisten sind vorzuziehen, wenn die Zigarren noch reifen sollen.

Candela: Hellgrünes Deckblatt, das aus einem Trocknungsprozeß durch Hitze hervorgeht. So bleibt der Chlorophyllgehalt vor der Fermentation erhalten. Auch »Double Claro« genannt.

Capa: Deckblatt der Zigarre.

Chaveta: Spezialmesser, das von den Rollern in den Zigarrenfabriken benutzt wird, um die Deckblätter zuzuschneiden.

Churchill: 1. Großes Corona-Format, oft mit einer Länge von 7 Inches (178 mm) und einem Ringmaß von 48.
2. Sir Winston Churchill, der sich fast nie ohne seine Zigarre sehen ließ.

Claro: Die Farbskala dieses Deckblattes reicht von fahlem Grün bis zu hellem Braun. Typisch für Blätter, die im Schatten gezogen werden.

Colorado: Deckblatt, das vom Braunen bis ins Rötliche spielt.

Connecticut Broadleaf: Dunkles Deckblatt, das häufig für »Maduros« (s. dort) gebraucht wird und aus dem Tal des Connecticut (USA) stammt.

Connecticut Shade: Glattes, elastisches braunes Deckblatt, das man vor allem bei »Premiumzigarren« (s. dort) verwendet. Es wächst im Tal des Connecticut (USA). Wie der Name andeutet, wird es unter Zelten aus Tüllschleiern, den sogenannten »Tapados« (s. dort), gezogen.

Corojos: Pflanzen, die Deckblätter liefern sollen und unter Sonnenschutzgaze gezogen werden.

Corona: Geläufigste Größe und bekanntestes Format einer »Premium-zigarre« (s. dort). Üblicherweise hat sie eine zylindrische Form mit einem offenen Brandende und einem geschlossenen Rundkopf.

Cubatabaco: Name der einst für den weltweiten Vertrieb von Kuba-Zigarren zuständigen Firma. Sie wurde inzwischen durch die Gesellschaft Habanos S. A. abgelöst.

Culebra: Zigarre, für die drei Pantelas zusammengebunden werden. Sie sind 5 bis 6 Inches (127 bis 152 mm) lang und haben ein Ringmaß von 38. Sie werden auch »Krumme Hunde« genannt.

Deckblatt: Tabakblatt von hoher Qualität, mit dem die Einlage und das Umblatt umwickelt werden. Es ist sehr elastisch und sollte makellos sein.

Decker: s. »Deckblatt«.

Diademas: Dicke Zigarre mit geschlossenem Rundkopf. Meist ist sie 8 Inches lang (203 mm). Das Brandende kann offen oder wie bei der Per-fecto geschlossen sein.

Double Claro: S. »Candela«.

Double Corona: Sie wird auch die »Prominente« genannt. Eine dicke Zigarre von 7½ bis 8 Inches (191 bis 203 mm) bei einem Ringmaß zwi-schen 49 und 52. Auch »Doppelcorona« genannt.

Einlage: Bildet das Innere einer Zigarre und enthält eine Mischung von bis zu vier verschiedenen Tabaken. Sie wird durch das Umblatt gehalten.

Einlageblätter: Einzelne Tabakblätter, die den Körper der Zigarre bilden. Eine gute Zigarre enthält zwischen zwei und vier Sorten Einlagetabake.

Escaparates: Klimakammern in der Fabrik, in denen die fertig gerollten Zigarren einige Wochen zur Reifung gelagert werden.

Fermentation: Zigarrentabake sind Ergebnis eines Fermentationsprozes-ses und durchlaufen mit ihrer Reifung noch weitere Fermentationspha-sen. Nach der Ernte werden die Tabakblätter zu großen Stapeln aufge-türmt und befeuchtet, um die erste Fermentation zu unterstützen. Die Temperatur innerhalb eines Stapels kann bis zu 62 °C erreichen.

Figurado: Spanischer Begriff für Zigarren mit einer atypischen Form wie zum Beispiel Torpedos, Pyramiden, Perfectos oder Culebras.

Flag Leaf: Erweiterung des Deckblatts, das den Kopf der Zigarre ab-schließt. Manchmal ist es in der Form eines »Schweineschwänzchens« (»Curly Head«) oder eines »Zöpfchens« (»Fancy Tail«) aufgezwirbelt.

Gran Corona: Sehr große Zigarre, traditionell 9¼ Inches lang (235 mm) mit einem Ringmaß von 47

Habano: Bezeichnung für aus Kuba stammende Zigarren, aber nicht alle kubanischen Zigarren werden mit »Habano« oder »Havana« bezeichnet.

Habanos S. A.: Die weltweit für den Vertrieb von Kuba-Zigarren zuständige Firma, die früher Cubatabaco hieß.

Halbrad (Spanisch: media rueda): Bund von 50 Zigarren. Zigarrenroller binden die von ihnen gefertigten Zigarren zu Halbrädern zusammen.

Hand: Bündel von Tabakblättern, die oben zusammengebunden sind. Sie werden aufgeschichtet, um einen Stapel zur Fermentation zu bilden.

Handgemacht: Zigarren, die mit hochwertigem Deckblatt und Langblatt-Einlagen zu 100 % von Hand gefertigt sind.

Handgerollt: Alle handgemachten Zigarren sind auch handgerollt. Dagegen wird bei einigen handgerollten Zigarren der Wickel maschinell gefertigt. Nur das Deckblatt wird von Hand angebracht.

Havanna: 1. Hauptstadt von Kuba und traditionelles Zentrum der Herstellung für kubanische Exportzigarren.
2. Kubanische Zigarren werden oft einfach »Havannas« genannt.
3. Bezeichnung für Tabaksorten, die aus »kubanischen Saaten« (s. dort) in Staaten wie etwa der Dominikanischen Republik, Honduras oder Nicaragua gezogen werden.

Homogenisierter Tabak: Das Tabakblatt dieses sog. Bandtabaks wird künstlich aus pulverisiertem Tabak, Wasser und Bindemitteln wie Zellulose oder Pflanzenfasern hergestellt und zu langen Bahnen gepreßt (abgekürzt: HTL = Homogenized tobacco leaf). Es dient oft als Um-, aber auch als Deckblatt.

Homogenisiertes Umblatt: Umblatt, das aus zerkleinerten Tabakresten und Zellulose hergestellt wird. Es erleichtert die maschinelle Zigarrenproduktion. S. »homogenisierter Tabak«.

HTL: S. »homogenisierter Tabak«.

Humidor: Raum oder Kiste, die die richtige Feuchtigkeit und Temperatur zur Lagerung und Reifung von Zigarren aufrechterhält. Die Feuchtigkeit sollte bei 70 %, die Temperatur zwischen 19 °C und 22 °C liegen.

Hygrometer: Eine Vorrichtung im Humidor, die die Luftfeuchtigkeit in Prozent anzeigt.

Inhalieren: Unterläßt man beim Zigarrenrauchen.

Jahrgang: Jahrgänge bei Zigarren beziehen sich auf das Jahr der Tabakernte, nicht auf das Jahr der Herstellung.

Kappe: Rundes Stück Deckblatt am Kopf der Zigarre; sichert das restliche Deckblatt. Ein guter Anschnitt läßt einen Teil der Kappe intakt.

Karotin: Natürlich gebildetes Element in gereiften Zigarren.

Kiste: Zigarrenkisten gibt es in allen Formen und Größen. Zum traditionellen Stil gehören:
1. Cabinet Selection: Holzkisten mit Schiebeöffnungen für 25 oder 50 Zigarren.
2. 8–9–8: Kiste mit runden Wänden; kann acht Zigarren in der obersten Reihe, neun in der mittleren und acht in der untersten Reihe aufnehmen.
3. »Flachdecker« oder 13er: Flache rechtwinklige Kiste, in der oben dreizehn und unten, voneinander abgetrennt, zwölf Zigarren abgepackt sind.

Kopf: Das geschlossene Ende der Zigarre, das man anschneidet, bevor man die Zigarre raucht.

Krankheitsphase: Zeitraum zwischen drei und zwölf Monaten, in dem Zigarren nicht geraucht werden sollten.

Kubanische Saaten: Bezieht sich auf Tabakpflanzen, die außerhalb Kubas aus kubanischen Samen gezogen werden.

Langblatteinlage/lange Einlage: S. »Longfiller«.

Lector: Person, die den Zigarrenrollern während der Arbeit vorliest.

Ligero (Spanisch: leicht): Aromatischer Tabak, der zu den drei Grundsorten der Einlagetabake zählt.

Longfiller: Einlagetabak, dessen Blätter die ganze Zigarre durchziehen. Bei maschinell hergestellten Zigarren wird oft Einlagetabak aus kleingeschnittenem Tabak (»Shortfiller«) verwendet.

Lonsdale: Langes Zigarrenformat von meist 6¾ Inches (171 mm) und einem Ringmaß von 42 bis 44; aber es gibt viele Variationen.

Maduro (Spanisch: reif): Die Deckblattfärbung reicht von dunklem Rotbraun bis zu (fast) Schwarz. Diese Farben resultieren aus der langen Sonnenreifung, aus Erhitzungsprozessen oder einer überdurchschnittlich langen Fermentierung.

Maschinengefertigt: Für maschinell gefertigte Zigarren werden schwergewichtigere Deck- und Umblätter, in vielen Fällen auch Kurzblatteinlagen statt Langblatteinlagen verwendet.

Maserung: Struktur des Blattes. Eine zu starke hervortretende Äderung kann einen Fehler des Deckblatts darstellen.

Media Rueda: S. »Halbrad«.

Mischung: Mischung von bis zu vier verschiedenen Arten von Tabak in einer Zigarre. Professionelle Mischmeister sind dafür verantwortlich, daß der besondere Geschmack einer Marke Jahr für Jahr gleichbleibt.

Nikotin: Zigarrentabak verliert während des Fermentationsprozesses viel von seinem Nikotingehalt. Da der Zigarrenrauch nicht inhaliert wird, wird Nikotin nur durch den Mundraum aufgenommen.

Öl: Kennzeichen für gut gelagerte Zigarren. Sogar ausgereifte Zigarren geben noch Öl ab, wenn sie bei der empfohlenen Luftfeuchtigkeit von 70 % bis 72 % gelagert werden.

Oscuro: Schwarzes Deckblatt, das dunkler ist als Maduro und meistens aus Brasilien oder Mexiko stammt.

Panatela: Langes, dünnes Zigarrenformat.

Parejos: Zigarren mit geraden Seiten, z. B. Coronas oder Lonsdales.

Partidos: Erstklassiges Tabakanbaugebiet in Kuba.

Perfecto: Besonderes Zigarrenformat, das mit einem Rundkopf und einem geschlossenen Brandende an beiden Enden geschlossen und in der Mitte stärker ist.

Pflanzenleim: Geschmacksneutrales Klebemittel auf pflanzlicher Basis, das zum Verkleben des Deckblattes verwendet wird.

Pfropfen: Unregelmäßigkeit der Zigarre, was am Tabak liegen und dazu führen kann, daß sie nicht gut zieht. Manchmal kann man den Pfropfen beseitigen, indem man die Zigarre vorsichtig massiert.

Planchas (Spanisch: Bretter): Vor ihrer Fermentation werden die Tabakblätter auf den Planchas ausgebreitet.

Pressform: Vorgefertigte zweiteilige Hohlform. Der Wickel wird hineingelegt, die Form zusammengefügt und in der Wickelpresse gepresst.

Premiumzigarren: Bezeichnung für Spitzenzigarren,
1. die zu 100 % aus Tabak bestehen;
2. bei deren Einlage es sich um »Longfiller« (s. dort) handelt;
3. die ganz von Hand gemacht sind.

Puppe: S. »Wickel«.

Purito: Kleine Zigarre bzw. Zigarillo; häufiger handgemacht als maschinell gefertigt.

Puro (Spanisch: ›rein‹): Zigarre, die aus verschiedenen Tabaken nur eines einzigen Landes besteht.

Pyramide: Spitz zulaufende Zigarre mit weitem, offenem Brandende und geschlossenem Kopf.

Ringmaß: Maß für den Durchmesser einer Zigarre, das $^1/_{64}$ Inch mißt. Ein Ringmaß von 40 bedeutet einen Durchmesser von $^{40}/_{64}$ Inches.

Rippe: Charakteristische Maserung weniger glatter Deckblätter, etwa des Kamerundeckblattes.

Robusto: Kräftiges und kurzes Zigarrenformat, das traditionell eine Länge von 5 bis 5½ Inches (127 bis 140 mm) und ein Ringmaß von 50 hat.

Scharf: Zigarre, die nicht ausreichend gefüllt ist und einen schnellen und lockeren Zug aufweist. Eine scharfe Zigarre schmeckt meist recht herb.

Schimmel: Zigarren, die bei zu hohen Temperaturen gelagert werden, können von Schimmel befallen werden.

Schulter: Der Teil der Zigarre, an dem die Kappe in den Körper übergeht. Schneidet man versehentlich in die Schulter, trennt sich die Zigarre leicht auf.

Seco (Spanisch: trocken): Einlagetabak, der häufig zur Anreicherung des Aromas benutzt wird. Er ist meist von mittlerem Körper.

Shade-grown: Deckblätter, die unter Zelten aus Gazeschleiern gezogen wurden. Die Blätter werden so dünner und elastischer.

Span: Ein Stückchen Zedernholz, mit dem man eine Zigarre anzündet, wenn man nur eine Kerze oder ein Benzinfeuerzeug zur Verfügung hat, da beide den Geschmack der Zigarre negativ verändern können.

Stapel: Tabakblätter werden zur Fermentierung zu Stapeln aufgeschichtet.

Sun-grown: Tabak, der unter direkter Sonneneinstahlung wächst. Er entwickelt dickere Blätter mit stärkerer Maserung.

Tapado: Ein Zelt aus Gazeschleiern, unter dem »shade-grown«-Deckblätter reifen.

Teer: Zigarren enthalten wegen der Fermentation weniger Teer als Zigaretten.

Tercios: Große Tabakballen, die in Palmrinde verpackt sind und in denen der fermentierte Tabak an die Zigarrenfabriken geliefert wird.

Torcedores: Spezialisierte Zigarrenroller, die die Zigarren in der Fabrik von Hand rollen.

Torpedo: Zigarrenformat, das ein geschlossenes Brandende, einen Spitzkopf und eine Verdickung in der Mitte aufweist.

Totalmente a mano (Spanisch: ganz von Hand gefertigt): Bessere Qualität als »hecho a mano«, was zwar auch handgemacht bedeutet, aber nicht ausschließt, daß die Einlage maschinengefertigt ist. Ebenfalls bessere Qualität als »envuelta a mano«, was nur besagt, daß die Zigarren von Hand gepackt sind.

Tubos: Zigarren, die einzeln in Hülsen oder Röhrchen aus Holz, Metall oder Glas verpackt werden, um sie frisch zu halten.

Tunneleffekt: Unwillkommene Erscheinung, wodurch die Zigarre nicht gleichmäßig brennt. Zum Schutz davor sollte man sie ab und zu drehen.

Umblatt (auch »Binder«): Der Teil des Tabakblattes, der die Einlage zusammenhält.

Verstopft: Beschreibung einer Zigarre mit schlechtem Zug.

Viso: Glattes Deckblatt, das im Schatten gezogen wird.

Volado: Einlagetabak, der die Brandqualität verbessern soll.

Vuelta Abajo: Kubanisches Tal, in dem nach Meinung vieler Zigarrenraucher der beste Zigarrentabak der Welt wächst.

Wickel: Einlage mit Umblatt, auch »Puppe« genannt.

Zeder: Der Baum, aus dessen Holz die meisten Zigarrenkisten und Humidore hergestellt werden.

Zigarrenanschneider: Vor dem Rauchen muß meist der geschlossene Kopf der Zigarre angeschnitten werden. Dazu gibt es eine Reihe von Geräten (Cutter). Man unterscheidet insbesondere:
1. Bohrer: Erzeugen eine kreisrunde Öffnung im geschlossenen Zigarrenkopf.
2. Guillotine: Der Kopf der Zigarre wird in die dafür vorgesehene Öffnung gesteckt und durch eine scharfe Klinge angeschnitten.
3. Schere: Speziell für Zigarren geformt, zum Anschneiden der Spitze.

Zigarillos: Drei-Inch-Zigarren, besonders in Europa beliebt. Sie werden meist maschinell hergestellt, und viele Marken verwenden »homogenisierte Umblätter« (s. dort) und Deckblätter.

Zigarrenspitzen: Interessante Vorliebe und beliebte Sammelobjekte, aber echte Aficionados dulden nichts zwischen ihren Lippen als den Kopf der Zigarre, die sie rauchen.

Zucker: Zucker tritt ganz natürlich im Tabak auf. Dunklere Deckblätter wie »Maduros« (s. dort) enthalten mehr Zucker und schmecken deshalb süßer.

Zug: Die Menge an Luft, die der Raucher durch die angezündete Zigarre zieht. Eine gutgemachte Zigarre zieht gut und liefert kühlen Rauch. Wenn der Zug zu leicht ist, kann der Rauch zu heiß werden. Ist die Zigarre verstopft und der Zug zu schwer, kann man sie nicht entspannt rauchen.

REGISTER

BILDNACHWEIS

VERZEICHNIS GUTER
FACHGESCHÄFTE

Deutschland

Pfeifen Schneiderwind
Krämerstr. 13-15
52062 Aachen

Tabak Weinig
Hauptwachstr. 17
96047 Bamberg

Zigarren Herzog
Ludwigkirchplatz 1
10719 Berlin

Minow's Depot
Bahnhofstr. 56
12305 Berlin

Zigarren C. Pollner & Sohn
Bahnhofstr.11
32257 Bünde

Elisabeth Hantzsch
Wilsdruffer Str. 8
O1067 Dresden

Pfeifen-Center-Linzbach
Graf-Adolf-Str. 78
40210 Düsseldorf

Tabak Fischer
Münchener Str. 22
60329 Frankfurt/Main

Tobacco World
Große Bleichen 1
20354 Hamburg

König & Schubert
Lavesstr. 71
30159 Hannover

Tabak Trennt
Möllingstr. 28
24103 Kiel

Peter Heinrichs Tabakwaren
Hahnenstr. 2
50667 Köln

Tabak-Collegium Koster
Richartzstr. 12
50667 Köln

Pfeifen Huber
Tal 22
80331 München

Tabak Fincke
Hammer Str. 63
48153 Münster

Österreich

Horst Dreier
Weblinger Gürtel
8054 Graz

Fridolin Nessler
Maria-Theresien-Str. 2
6020 Innsbruck

Mag. Barbara Schiller
Rainerstraße 4
5020 Salzburg

Michael Mohilla
Kohlmarkt 6
1010 Wien

Schweiz

Hägeli-Briefer
Marktplatz 21
4051 Basel

Kaegi Cigares
Theaterplatz 2
3011 Bern

Gérard Père et Fils
Hotel Noga Hilton
19, Quai du Mont-Blanc
1204 Genf

A. Dürr & Co.
Bahnhofplatz 6
8001 Zürich